Tofu und Soja

AUTORIN: CORNELIA SCHINHARL | FOTOGRAF: JÖRN RYNIO

Praxistipps

Umschlagklappe hinten:
    Marinaden für Tofu
    Sojasprossen selbst ziehen

Extra

Umschlagklappe vorne:
    Die 10 GU-Erfolgstipps – mit Gelinggarantie
    für die perfekte Sojaküche

Rezepte

Tofu – ganz pur bis aromatisch geräuchert

Die Zeiten, in denen Tofu nur als cremig-weißer Block im Angebot war, sind vorbei.
Heute gibt es ihn gewürzt, mit pikanten Zutaten vermischt oder mit Räucheraroma.

Hergestellt wird der Tofu aus gelben Sojabohnen, genauer gesagt aus einer Art Milch, die man durch Pürieren und Pressen der Bohnen gewinnt. Diese „Milch" wird dann erhitzt und mit einem Gerinnungsmittel vermischt. Wie bei der Käseproduktion flockt dabei die Milch aus, die festen Bestandteile werden abgeschöpft und in ein Sieb gefüllt. Dort presst man die Sojamasse so lange, bis ein fester Block entsteht. Fertig ist der Tofu!

Von Wertigkeit und Einkauf

Tofu enthält hochwertiges Eiweiß – von allen Hülsenfrüchten haben die gelben Sojabohnen am meisten davon zu bieten – sowie viele Vitamine und Mineralstoffe, dafür im Gegenzug null Cholesterin. Weil Tofu außerdem fettarm ist und wenig Kalorien hat, ist er ein guter Ersatz für Fleisch. Wer ihn im Bio-Laden oder Reformhaus kauft, kann zudem sicher sein, dass er aus gentechnikfrei angebauten Sojabohnen gemacht wurde. Sonst gibt es ihn noch im Asia-Laden oder in manchen Supermärkten.

Vielseitig und wandelbar

Tofu im Block ist schnittfest und lässt sich prima in Scheiben, Streifen oder Würfel schneiden. Aber er wird auch wunderbar cremig, wenn man ihn zerkleinert – etwa um Klößchen aus ihm zu formen. Er lässt sich einfach mit der Gabel zerdrücken. Wer von vornherein etwas Cremiges sucht, nimmt Seidentofu. Er wird nach dem Gerinnen nicht gepresst, sondern nur kräftig durchgeschlagen.

Tofu mit Würze

Immer breiter wird das Angebot an Tofusorten. So gibt es Gemüsetofu, für den feine Gemüsestreifen vor dem Pressen unter die Sojamasse gemischt werden. Besonders fein und würzig sind Tomatentofu mit getrockneten Tomaten, Gewürzen und mediterranen Kräutern im Teig, Basilikum- und Oliventofu oder Tofu mit Nüssen. Sie schmecken alle mit einer leichten Vinaigrette kalt, aber auch erwärmt, beispielsweise im Gemüseeintopf.

Tofu aus dem Rauch

Ein rauchiges Aroma, das an den Geschmack von Speck erinnert, aber dennoch milder bleibt, hat Räuchertofu. Dafür wird das gepresste Tofustück meist über Wacholderholz sanft geräuchert. Es gibt diesen Tofu pur zu kaufen, aber auch mit anderen würzigen Zutaten wie Algen oder Pilzen gemischt. Räuchertofu schmeckt kalt als Brotbelag oder im Sandwich, lässt sich aber auch braten, in einer Sauce erhitzen oder frittieren.

TIPP | SOJAFLEISCH

Heißt auch TVP und ist ein faseriger Fleischersatz aus Sojabohnen. Da der Herstellungsprozess sehr langwierig und aufwendig ist, gibt es in diesem Buch keine Rezepte damit. Mit Tofu, Tempeh und Sojagranulat kann man wirklich genug anfangen. Außerdem ist ihre Herstellung wesentlich umweltverträglicher und auch -schonender als die von Sojafleisch – das ganz nebenbei bemerkt noch nicht einmal jedem wirklich schmeckt.

Frischer Tofu kann nach dem Öffnen noch eine Weile aufbewahrt werden. Dafür in ein Gefäß geben, komplett mit kaltem Wasser bedecken, gut verschließen und in den Kühlschrank stellen. So hält er sich etwa 1 Woche. Das Wasser sollte man dabei häufig austauschen, am besten sogar jeden Tag. Geöffneten **Räuchertofu** und **Tempeh** in Klarsichtfolie einwickeln und auch im Kühlschrank aufheben, **Seidentofu** gut abgedeckt ebenfalls. Haltbarkeit: ein paar Tage.

Tofu und Tempeh richtig aufbewahren

Sojasprossen vorbereiten

Soja(bohnen)sprossen lassen sich aus gelben Sojabohnen oder aus grünen Mung(o)bohnen – eine Sojabohnenart – ziehen. Kauft man Sprossen im Bio-Laden, beim Asiaten oder im Gemüseladen, sind sie in Folie oder Beutel verpackt (auf die Mindesthaltbarkeit achten!). Vor dem Zubereiten welke Sprossen und Bohnenhülsen aussortieren, dann die Sprossen gründlich unter kaltem Wasser abbrausen und abtropfen lassen.

Granulat quillt

Sojagranulat – ob fein oder grob – muss vor der Zubereitung in kochend heißer Flüssigkeit (am besten Wein oder Gemüsebrühe) 15–30 Min. quellen. Dabei verdreifacht es sein Volumen. Danach das Granulat in einem Sieb abtropfen lassen, die übrige Flüssigkeit auffangen und für die Sauce verwenden.

Die bunte Welt der Sojaprodukte

In Asien sind Sojabohnen nicht nur Basis für Tofu, es gibt sie auch frisch, als Sprossen und in vielen anderen Formen – bei uns alles am besten im Bio-Laden erhältlich.

Tempeh

Stammt ursprünglich aus Indonesien und wird im Gegensatz zu Tofu aus den ganzen Sojabohnen hergestellt. Für Tempeh kocht und presst man die gelben Bohnen und impft sie dann mit einem Edelpilz. Danach wird die Mischung fermentiert. Tempeh hat für ein pflanzliches Lebensmittel relativ viel Vitamin B12. Es lässt sich sehr gut in (sogar dünne) Scheiben oder Würfel schneiden und wird beim Braten schön knusprig. Es schmeckt würzig mit einem ganz leichten Bitterton.

Sojagranulat

Dafür röstet man die Sojabohnen im Ganzen, was ihnen eine leicht nussige Note verleiht. Danach werden die Bohnen fein oder grob geschrotet – das Granulat ist in beiden Größen erhältlich. Sojagranulat enthält ebenso wie Tofu und Tempeh hochwertiges Eiweiß, Vitamine und Mineralstoffe und wenig Fett. Nach dem Einweichen kann man es braten, mit Gemüse schmoren, zu Bratlingen verarbeiten oder Pastasaucen daraus kochen.

Sojadrink und Sojaghurt

Beide werden aus einer milchähnlichen Flüssigkeit zubereitet, die man aus Sojabohnen gewinnt, und schmecken süßlich. Beim Sojadrink darauf achten, dass er keinen Zucker enthält, und die Packung vor dem Öffnen gut schütteln. Für Sojaghurt wird die Tofumilch wie Joghurt gesäuert und kann ihn bei allen Zubereitungen ersetzen.

Sojabohnen

Es gibt sie natürlich getrocknet, inzwischen aber auch frisch als TK-Ware zu kaufen. Getrocknete Sojabohnen werden wie andere Hülsenfrüchte eingeweicht, gekocht und zu Eintopf oder Salat verarbeitet. Frische, kräftig-grüne Sojabohnen bereitet man wie junge Erbsen zu. Im Moment sind die schmackhaften frischen Bohnen allerdings noch eher selten im Angebot.

Soja(bohnen)sprossen

Die meisten Sojasprossen werden nicht aus den gelben Sojabohnen, sondern aus den grünen Mung(o)bohnen gezogen. Dafür weicht man die Bohnen ein und lässt sie anschließend ein paar Tage lang keimen, bis sich ein zarter Spross zeigt. Sojasprossen schmecken roh, aber auch im Wok gebraten oder gedünstet sehr gut. Die Sprossen immer frisch kaufen, solche aus dem Glas oder der Dose schmecken einfach nicht.

Sojasauce

Die wichtige Würze der asiatischen Küche wird aus Sojabohnen und Getreide (meist Weizen) und Wasser durch Fermentation hergestellt. Je nach Produktion entstehen verschiedene, mehr oder weniger salzige Saucen. Als Faustregel kann gelten: Chinesische Sojasauce ist relativ mild, japanische ist in der Regel würziger, thailändische und indonesische fast immer leicht süßlich. Am besten Bio-Ware kaufen und immer vorsichtig damit würzen.

Tempeh

Sojabohnen

Sojagranulat

Sojasprossen

Sojaghurt/Sojadrink

Sojasauce

Raffinierte Kleinigkeiten

Wenn der Hunger mal nicht so groß ist, man aber trotzdem Lust auf etwas Besonderes hat, ist man in diesem Kapitel goldrichtig! Wie wär's mit einem raffiniert belegten Sandwich, einem knackig frischen Salat mit knusprigem Tofu – oder den saftigen Puffern auf dieser Seite, die im Handumdrehen fertig sind?

Sojasprossen-Puffer

½ Bio-Zitrone
½ Bund Petersilie
2 Frühlingszwiebeln
250 g Sojasprossen
2 Eier (Größe M)
50 g (Weizenvollkorn-)Mehl
Salz | Pfeffer
1 TL rosenscharfes Paprikapulver
4 EL Öl

Für 4 Personen | ⊚ 30 Min. Zubereitung
Pro Portion ca. 160 kcal, 8 g EW, 9 g F, 12 g KH

1 Zitronenhälfte heiß waschen und abtrocknen, die Schale fein abreiben. Die Petersilie abbrausen, trockenschütteln und die Blättchen fein hacken. Die Frühlingszwiebeln waschen, putzen und mit dem knackigen Grün fein schneiden. Die Sojasprossen waschen und abtropfen lassen.

2 Eier und Mehl mit Salz, Pfeffer und Paprika mit dem Schneebesen gut verrühren. Sprossen, Petersilie, Zwiebeln und Zitronenschale untermischen.

3 Den Backofen auf 50° (Ober- und Unterhitze) vorheizen. In einer Pfanne 2 EL Öl erhitzen. Die Hälfte der Sprossenmasse als kleine Puffer hineinsetzen und bei mittlerer Hitze etwa 4 Min. braten. Wenden und noch einmal so lange braten. Im Ofen warm halten. Übrige Puffer im restlichen Öl braten.

TIPP
Wer zwei große Pfannen zu Hause hat, kann die Puffer darin auch gleichzeitig braten.

UND DAZU?
Eine Kräutercreme schmeckt zu den Puffern besonders gut. Dafür 1 Bund Schnittlauch in Röllchen schneiden und mit 150 g Sojaghurt oder saurer Sahne verrühren. Salzen, pfeffern und die Creme mit auf den Tisch stellen.

vitaminreich | ganz einfach

Räuchertofu-Sandwiches

2 zarte Stangen Staudensellerie
2 junge Möhren
Salz
1 Bund Schnittlauch
100 g Mayonnaise
½ Bio-Zitrone
Pfeffer
200 g Räuchertofu
8 Scheiben Sandwichbrot oder
4 längliche Brötchen

Für 4 Personen | ⏲ 25 Min. Zubereitung
Pro Portion ca. 370 kcal, 10 g EW, 25 g F, 31 g KH

1 Den Sellerie waschen und putzen, in etwa 4 cm lange Stücke schneiden und diese längs in feine Streifen teilen. Die Möhren schälen und ebenfalls in dünne Streifen schneiden. Beides mit Salz in einer Schüssel mischen und kräftig durchkneten, bis das Gemüse etwas geschmeidiger wird, dann 5–10 Min. stehen lassen. Schnittlauch abbrausen, trockenschütteln und in Röllchen schneiden.

2 Schnittlauch und Mayonnaise unter das Gemüse mischen. Die Zitronenhälfte heiß waschen und abtrocknen, die Schale fein zum Gemüse reiben. Alles mischen und mit Salz und Pfeffer abschmecken. Den Räuchertofu in dünne Scheiben schneiden.

3 Entweder 4 Brotscheiben mit dem Tofu belegen oder die Brötchen aufschneiden und die unteren Hälften mit Tofu bedecken. Die Gemüsemischung darauf verteilen. Restliche Brotscheiben oder die oberen Brötchenhälften auflegen, leicht andrücken und die Sandwiches servieren.

orientalisch gewürzt | schmecken auch kalt

Tofu-Burger

2 Frühlingszwiebeln
2 Knoblauchzehen | ½ Bund Koriandergrün
400 g Tofu | 2 Eier (Größe M)
60 g Dinkel- oder Weizenmehl | Salz
je 1 TL Ras-el-hanout (marokkanische Gewürzmischung, aus dem Asia-Laden), rosenscharfes Paprikapulver, gemahlener Kreuzkümmel und Koriander
2 EL Öl | 1 Fleischtomate
4 Salatblätter
4 runde (Vollkorn-)Brötchen

Für 4 Personen | ⏲ 35 Min. Zubereitung
Pro Portion ca. 375 kcal, 18 g EW, 15 g F, 45 g KH

1 Frühlingszwiebeln waschen, putzen und samt knackigem Grün fein hacken. Knoblauch schälen und klein würfeln. Das Koriandergrün abbrausen, trockenschütteln und die Blättchen fein schneiden.

2 Tofu mit einer Gabel fein zerdrücken. Eier, Mehl, Zwiebeln, Knoblauch und Koriandergrün mit Salz und den Gewürzen dazugeben und alles zu einer glatten Masse verkneten. Zu vier etwa brötchengroßen Küchlein formen.

3 Öl in einer Pfanne erhitzen. Die Küchlein darin bei mittlerer Hitze etwa 5 Min. pro Seite braten. In der Zeit Tomate waschen und in dünne Scheiben schneiden, dabei Stielansatz entfernen. Die Salatblätter waschen und trockenschütteln.

4 Brötchen aufschneiden und untere Hälften mit Salat und Tomatenscheiben belegen. Die Tomaten leicht salzen. Die Tofuküchlein daraufgeben, obere Brötchenhälften auflegen und die Burger servieren.

oben: Räuchertofu-Sandwich | unten: Tofu-Burger

besonders schnell | sommerlich

Räuchertofu-Carpaccio

250 g Tomaten
½ Bund Basilikum
2 Frühlingszwiebeln
1 EL Aceto balsamico
1 TL flüssiger Honig
2 EL Olivenöl
Salz
Chilipulver
300 g Räuchertofu

Für 4 Personen | ⏲ 15 Min. Zubereitung
Pro Portion ca. 120 kcal, 6 g EW, 9 g F, 4 g KH

1 Die Tomaten waschen und in sehr kleine Würfel schneiden, dabei die Stielansätze entfernen. Die Basilikumblättchen abzupfen und fein hacken. Die Frühlingszwiebeln waschen, putzen und mit dem knackigen Grün fein hacken.

2 Balsamico mit Honig und Olivenöl cremig verschlagen. Tomaten, Basilikum und Zwiebeln unterrühren und die Mischung mit Salz und Chilipulver abschmecken. Tofu in möglichst dünne Scheiben schneiden und auf Tellern auslegen. Die Tomatenmischung darüber verteilen und das Carpaccio servieren – am besten mit ofenfrischem Baguette.

VARIANTE – MARINIERTER TOFU
1 Bio-Limette heiß waschen, abtrocknen und die Schale fein abreiben, Saft auspressen. 2 cm frischen Ingwer und 2 Knoblauchzehen schälen, fein hacken. 1 rote Chilischote entstielen, mit den Blättern von 4 Stängeln Koriandergrün fein hacken. Alles mit 2 EL Öl mischen, salzen. 300 g Tofu in dünne Scheiben schneiden, mit der Marinade bedecken und mindestens 2 Std. ziehen lassen.

fruchtig-frisch | für Gäste

Tempeh-Frittes

1 kleine Mango (etwa 300 g)
1 Bio-Limette
1 rote Chilischote
4 Stängel Koriandergrün
Salz | 1 TL Currypulver
250 g Tempeh
½ l Öl oder Pflanzenfett zum Frittieren

Für 4 Personen | ⏲ 20 Min. Zubereitung
Pro Portion ca. 185 kcal, 12 g EW, 6 g F, 22 g KH

1 Mango schälen und das Fruchtfleisch in Stücken vom Kern abschneiden. Limette heiß waschen, abtrocknen und die Schale fein abreiben, Saft auspressen. Die Chilischote waschen, entstielen und mit den Kernen hacken. Koriander abbrausen und trockenschütteln, fein hacken.

2 Mango, Limettensaft, Chili und Koriander im Mixer oder mit dem Pürierstab zu einer feinen Paste pürieren. Dip mit Salz und Curry abschmecken.

3 Das Tempeh in etwa ½ cm dicke Scheiben schneiden. Öl oder Fett im Wok oder in einem Topf erhitzen. Tempeh darin in etwa 2 Min. knusprig frittieren. Mit dem Schaumlöffel herausheben, auf Küchenpapier abfetten lassen und sofort mit dem Dip servieren. Gut passt dazu indisches Fladenbrot.

MEHR LEUTE AM TISCH?
Die Zutatenmengen lassen sich problemlos verdoppeln oder auch verdreifachen. Allerdings muss man dann das Tempeh portionsweise frittieren, damit das Fett nicht zu sehr abkühlt. Die bereits ausgebackenen Frittes bei 50° im Backofen warm halten, bis alle fertig sind.

links: Tempeh-Frittes | rechts: Räuchertofu-Carpaccio

lassen sich gut vorbereiten | auch fürs Buffet geeignet

Reispapierrollen mit Chilidip

Fingerfood für Asien-Fans: Knuspriger Tofu wird mit Salat und vielen Kräutern in hauchdünne Reispapierblätter eingewickelt – den Vietnamesen abgeschaut!

Für den Dip

2 rote Chilischoten
2 Knoblauchzehen
1 Stück frischer Ingwer (etwa 2 cm)
6 EL helle Sojasauce
2 EL Reisessig oder Limettensaft
1 TL flüssiger Honig

Für die Rollen

16 runde Reispapierblätter (etwa 22 cm Ø)
8 Salatblätter (z. B. grüner oder roter Kopfsalat)
250 g Tofu
1 EL helle Sojasauce
1 TL Sambal oelek
¼ l Öl zum Frittieren
1 dicke Möhre
50 g Sojasprossen
je ½ Bund Minze und Koriandergrün

Für 4 Personen | ⏱ 45 Min. Zubereitung
Pro Portion ca. 170 kcal, 8 g EW, 4 g F, 25 g KH

1 Für den Dip die Chilis waschen und die Stiele abschneiden. Schoten samt Kernen fein hacken. Knoblauch und Ingwer schälen und ebenfalls fein hacken. Sojasauce mit Essig oder Limettensaft und Honig verrühren. Gehackte Zutaten untermischen.

2 Reispapierblätter nacheinander in lauwarmes Wasser tauchen, bis sie schön geschmeidig werden (Bild 1) und nebeneinander auslegen. Mit feuchten Küchentüchern bedecken, damit sie weich bleiben.

3 Salatblätter waschen und trockenschütteln, die dicken Mittelrippen flach schneiden. Tofu in 1 cm dicke und 5 cm lange Streifen schneiden und mit Sojasauce und Sambal oelek mischen.

4 Das Öl im Wok oder in einem Topf erhitzen und den Tofu darin bei starker Hitze in etwa 3 Min. goldgelb frittieren. Mit dem Schaumlöffel herausheben, auf Küchenpapier abfetten lassen.

5 Die Möhre schälen und auf der Rohkostreibe in feine Streifen raspeln. Die Sprossen waschen und abtropfen lassen. Kräuter abbrausen und trockenschütteln, Blättchen von den Stängeln abtrennen und grob zerzupfen.

6 Je 2 Reispapierblätter aufeinanderlegen. Mit 1 Salatblatt, ein paar Tofustücken, Möhrenraspeln, Sprossen und Kräutern belegen. Reispapierränder leicht nach innen klappen und die Blätter vorsichtig von einer Seite her möglichst fest aufrollen (Bild 2). Nebeneinander auf eine Platte legen.

7 Den Dip auf Schälchen verteilen und mit den Reispapierrollen servieren (Bild 3). Beim Essen die Rollen in den Dip tauchen und einfach abbeißen.

AUSTAUSCH-TIPP

Die Reispapierrollen statt mit Tofu auch mal mit Tempeh probieren. Ebenfalls fein schmeckt Räuchertofu, der unfrittiert mit den übrigen Zutaten eingerollt wird. Eine andere Note bekommen die Rollen mit Thai-Basilikum statt mit Koriandergrün.

Sojasprossensalat mit Huhn und Gemüsestreifen

Ein fettarmer Salat, der trotzdem satt macht – ideal für heiße Sommertage oder auch einmal für ein Buffet, das eher asiatisch ausgerichtet ist.

300 g Hähnchenbrustfilet | ¼ l Hühner- oder Gemüsebrühe | 1 Bund Frühlingszwiebeln | 1 Möhre | 200 g Sojasprossen | 3 EL Fischsauce oder helle Sojasauce | 3 EL Limettensaft | 1 TL Zucker | ½ TL Sambal oelek | Salz | ½ Bund Koriandergrün

Für 4 Personen | ⏲ 30 Min. Zubereitung
Pro Portion ca. 135 kcal, 21 g EW, 2 g F, 8 g KH

1 Das Hähnchenbrustfilet waschen und in einen Topf legen. Brühe dazugießen, zum Kochen bringen. Hähnchenfleisch bei schwacher Hitze zugedeckt in etwa 10 Min. gar ziehen, dann abkühlen lassen.

2 Inzwischen Frühlingszwiebeln waschen, putzen und mit dem knackigen Grün in etwa 5 cm lange, feine Streifen schneiden. Möhre schälen und erst längs in dünne Scheiben, dann ebenfalls in feine Streifen teilen. Sojasprossen waschen, abtropfen lassen. Hähnchenfleisch in feine Streifen zupfen.

3 Fischsauce oder Sojasauce mit Limettensaft, Zucker und Sambal oelek gründlich verrühren. Zwiebeln, Möhre, Sprossen und Huhn damit mischen, mit Salz abschmecken und kurz ziehen lassen. Dann das Koriandergrün abbrausen und trockenschütteln, Blättchen abzupfen und auf den Salat streuen.

GUT ZU WISSEN

Wer den Salat zu einer Party mitnehmen will, kann die Zutaten schon einige Stunden vor dem Aufbruch vorbereiten. Gemischt wird alles allerdings erst ganz zum Schluss, damit nichts matschig wird.

Tofu-Nuss-Aufstrich

50 g Haselnusskerne | 2 Salbeiblättchen | je
4 Stängel Oregano und Petersilie | 1 Frühlings-
zwiebel | 200 g Tofu | 3 EL Haselnuss- oder
Olivenöl | Salz | 1 Prise gemahlener Koriander

Für 4 Personen | ⏱ 15 Min. Zubereitung
Pro Portion ca. 190 kcal, 6 g EW, 18 g F, 3 g KH

1 Die Haselnusskerne grob hacken. Die Kräuter
abbrausen und trockenschütteln, Blättchen von
den Stängeln zupfen und fein hacken. Die Frühlingszwiebel waschen, putzen und mit dem
knackigen Grün grob schneiden.

2 Tofu grob würfeln und mit Nusskernen, Kräutern,
der Frühlingszwiebel und dem Öl im Mixer so lange
fein pürieren, bis eine glatte Masse entstanden ist.
Den Aufstrich mit Salz und Koriander abschmecken.
Dazu passt Knäckebrot, aber auch Bauernbrot oder
ofenfrisches Baguette.

Scharfer Tofuaufstrich

1 Rispe frischer grüner Pfeffer (ersatzweise
1 EL grüne Pfefferkörner aus dem Glas) | ½ Bio-
Zitrone | 200 g Tofu | 50 g Sojaghurt oder saure
Sahne | 1 EL Öl | 1 TL Tomatenmark | 1 TL scharfer
Senf | Salz

Für 4 Personen | ⏱ 10 Min. Zubereitung
Pro Portion ca. 75 kcal, 5 g EW, 5 g F, 2 g KH

1 Den Pfeffer waschen, trockentupfer und die
Körner vom Stiel abstreifen, grob hacken. Zitronenhälfte heiß waschen und abtrocknen, die Schale
fein abreiben und den Saft auspressen. Den Tofu
grob würfeln.

2 Den Tofu mit Pfeffer, Zitronenschale, Sojaghurt
oder saurer Sahne, Öl, Tomatenmark und Senf im
Mixer fein pürieren. Mit Salz und etwas Zitronensaft
abschmecken. Der Tofuaufstrich schmeckt gut zu
Laugenbrezeln, Vinschgauern oder Bauernbrot.

fruchtig | würzig

Ananas-Tofu-Salat mit Zwiebeln und Minze

1 kleine Ananas (etwa 900 g)
2 große rote Zwiebeln
8 Stängel Minze | 2 rote Chilischoten
1 Stück frischer Ingwer (etwa 2 cm)
1 Bio-Zitrone | 400 g Tofu
6 EL Öl | Salz

Für 4 Personen | ◎ 30 Min. Zubereitung
Pro Portion ca. 355 kcal, 9 g EW, 21 g F, 34 g KH

1 Die Ananas längs vierteln, den harten Strunk in der Mitte herausschneiden. Ananas schälen und etwa 1 cm groß würfeln. Zwiebeln schälen, vierteln und in schmale Streifen schneiden. Die Minze abbrausen und trockenschütteln, Blätter in feine Streifen schneiden. Die Chilis waschen, entstielen und mit den Kernen fein hacken. Ingwer schälen und ebenfalls fein hacken. Zitrone heiß waschen und abtrocknen, etwa ein Viertel der Schale fein abreiben, 2 EL Saft ausspressen.

2 Den Tofu in gut 1 cm große Würfel schneiden. In einer Pfanne 2 EL Öl erhitzen. Den Tofu darin bei starker Hitze rundherum in 3–4 Min. knusprig braten. Dabei immer erst wenden, wenn er eine Kruste gebildet hat. Tofu salzen. Chili und Ingwer dazugeben und kurz mitbraten, dann den Tofu in eine Schüssel füllen.

3 Erneut 2 EL Öl erhitzen. Zwiebelstreifen darin 2–3 Min. braten, zum Tofu geben. Übriges Öl mit Zitronensaft und -schale verrühren, salzen. Mit Ananas und Minze zum Tofu geben. Mischen, abschmecken und lauwarm oder abgekühlt servieren.

leicht scharf | schnell gemacht

Blattsalate mit gebratenem Tofu

1 Bio-Orange
1 EL grüne Pfefferkörner (frisch oder aus dem Glas) | ½ Bund Koriandergrün
1 EL Zitronensaft | 2 TL mittelscharfer Senf
400 g Tofu | 250 g gemischte Blattsalate
1 EL Balsamico bianco
Salz | Pfeffer | 1 Prise Zucker
4 EL Olivenöl

Für 4 Personen
◎ 25 Min. Zubereitung | 1 Std. Marinieren
Pro Portion ca. 195 kcal, 9 g EW, 15 g F, 5 g KH

1 Orange heiß waschen und abtrocknen, Schale fein abreiben, eine Orangenhälfte auspressen. Die Pfefferkörner grob hacken. Koriander abbrausen und trockenschütteln, die Blättchen grob hacken. Orangen- und Zitronensaft, gehackten Pfeffer, Koriander und Senf mit dem Pürierstab fein pürieren.

2 Tofu in gut 1 cm große Würfel schneiden und mit der Marinade und der Orangenschale mischen. Mindestens 1 Stunde ziehen lassen.

3 Dann die Blattsalate waschen, trockenschütteln und in mundgerechte Stücke zupfen. Balsamico mit Salz, Pfeffer und Zucker verrühren. 2 EL Öl gründlich unter die Salatsauce schlagen.

4 Übriges Öl in einer Pfanne heiß werden lassen. Tofu abtropfen lassen und im Öl bei starker Hitze rundherum in 3–4 Min. knusprig braten. Salat mit Sauce und eventuell etwas Marinade mischen. Auf Teller verteilen und den Tofu darauf anrichten.

oben: Ananas-Tofu-Salat mit Zwiebeln und Minze | unten: Blattsalate mit gebratenem Tofu

preiswert | leicht scharf
Cremige Brokkolisuppe

Eine samtig-weiche Suppe, die mit Öl zubereitet auch Veganern schmeckt.
Mit Seidentofu wird sie noch ein bisschen cremiger als mit dem Sojadrink.

400 g Brokkoli
1 dünne Stange Lauch
2 Knoblauchzehen
3 EL Butter oder Öl
2 TL Mehl
¾ l Gemüsebrühe
1 TL rote Currypaste oder 2 TL Currypulver
(eventuell auch noch etwas mehr)
Salz
1 Prise Zucker
2 EL Mandelblättchen
¼ l Sojadrink oder 200 g Seidentofu

Für 4 Personen | 🕐 35 Min. Zubereitung
Pro Portion ca. 150 kcal, 7 g EW, 10 g F, 8 g KH

1 Den Brokkoli waschen und die Röschen ab-schneiden, Stiele schälen und klein würfeln. Den Lauch putzen, längs aufschlitzen und gründlich waschen, auch zwischen den Blattschichten. Lauch quer in feine Streifen schneiden. Den Knoblauch schälen und klein würfeln.

2 In einem großen Topf 2 EL Butter oder Öl er-hitzen. Das Gemüse und den Knoblauch darin an-braten. Mit dem Mehl bestäuben und kurz weiter-braten, dann mit der Brühe ablöschen. Erhitzen, mit Currypaste oder -pulver, Salz und dem Zucker würzen. Die Suppe zugedeckt bei mittlerer Hitze etwa 12 Min. garen, bis der Brokkoli weich ist.

3 Inzwischen übrige Butter oder restliches Öl in einer Pfanne erhitzen und die Mandelblättchen darin bei mittlerer Hitze goldgelb rösten. Leicht salzen.

4 Die Suppe im Topf mit dem Pürierstab fein pürieren. Den Sojadrink oder den Seidentofu gründlich untermischen und die Suppe mit Salz und eventuell noch etwas mehr Currypaste oder -pulver abschmecken. Suppe mit dem Pürierstab noch mal schaumig aufmixen, in Teller füllen und mit den Mandelblättchen garniert rasch servieren.

VARIANTE – MÖHRENCREMESUPPE MIT RÄUCHERTOFU

400 g Möhren und 1 mehlig kochende Kartoffel schälen, waschen und grob raspeln. In 2 EL Butter oder Öl kurz andünsten, mit 1 l Gemüsebrühe auffüllen und erhitzen. Das Gemüse in der Brühe zugedeckt in etwa 10 Min. bei mittlerer Hitze gut weich kochen. Im Topf fein pürieren, dann gründlich mit 100 g Crème fraîche, Sahne oder Seidentofu mischen. Mit Salz, Pfeffer und 1 TL gemah-lenem Koriander abschmecken. 250 g Räuchertofu in dünne Scheiben schneiden und in der Suppe erwärmen. 2 Frühlingszwiebeln waschen, putzen, in feine Ringe schneiden und vorm Servieren auf die Suppe streuen.

AUSTAUSCH-TIPP

Statt dem Brokkoli schmecken in der cremigen Suppe auch Blumenkohl oder Rosenkohl (in grobe Würfel geschnitten) sehr gut.

macht was her | für Gäste

Scharfe Reisnudelsuppe

300 g Tofu | 4 EL Sojasauce
2 TL Sambal oelek
150 g schmale Reisnudeln
8 Stangen grüner Spargel
150 g Kirschtomaten
4 Knoblauchzehen
1 Stück frischer Ingwer (etwa 2 cm)
1 l Gemüse- oder Hühnerbrühe
1 ½ EL Limettensaft oder Reisessig
Salz | 1 EL Korianderblättchen

Für 4 Personen | ⏱ 20 Min. Zubereitung
Pro Portion ca. 250 kcal, 11 g EW, 5 g F, 39 g KH

1 Den Tofu in knapp 1 cm große Würfel schneiden.
2 EL Sojasauce mit ½ TL Sambal oelek verrühren
und unter die Tofuwürfel mischen.

2 Reisnudeln mit kochend heißem Wasser überbrühen und etwa 2 Min. darin ziehen lassen, bis sie
weich sind, dann abgießen. Den Spargel waschen
und die Enden großzügig abschneiden. Spitzen
abschneiden, Stangen in etwa 1 cm lange Stücke
teilen. Die Tomaten waschen und halbieren.

3 Knoblauch und Ingwer schälen und in dünne
Scheiben schneiden, die Ingwerscheiben in Stifte
teilen. Brühe erhitzen und mit Limettensaft oder
Reisessig, Knoblauch, Ingwer, übriger Sojasauce
und restlichem Sambal oelek würzen. Den Spargel
darin in etwa 4 Min. bissfest garen.

4 Den Tofu und die Nudeln mit den Tomaten
unter die Suppen mischen und in 1–2 Min. darin
heiß werden lassen. Suppe mit Salz abschmecken,
vor dem Servieren mit dem Koriander bestreuen.

japanisch inspiriert | ganz simpel

Misosuppe mit Tofu

2 zarte Stangen Lauch
100 g Austernpilze oder Shiitake-Pilze
1 kleine rote Paprikaschote
300 g Tofu
¾ l Gemüsebrühe
80 g Misopaste (siehe auch unten)
½ Bund Schnittlauch

Für 4 Personen | ⏱ 20 Min. Zubereitung
Pro Portion ca. 135 kcal, 11 g EW, 6 g F, 10 g KH

1 Den Lauch putzen, längs aufschlitzen, gründlich
waschen und in 5–6 cm lange, sehr feine Streifen
schneiden. Pilze mit einem feuchten Küchenpapier
abreiben, Stiele abschneiden. Die Pilze in dünne
Scheiben schneiden. Die Paprika waschen, putzen
und klein würfeln. Den Tofu gut 1 cm groß würfeln.

2 Die Brühe mit Lauch und Paprika zum Kochen
bringen und bei starker Hitze etwa 2 Min. offen
kochen lassen. Dann die Hitze auf geringe Stufe
zurückschalten. Miso unter die Suppe rühren. Tofu
und Pilze einlegen und in 1–2 Min. gut heiß werden
lassen. Die Suppe darf dabei nicht mehr kochen,
sonst trennen sich Miso und Brühe wieder.

3 Den Schnittlauch abbrausen, trockenschütteln
und in 1–2 cm lange Röllchen schneiden. Vor dem
Servieren auf die Suppe streuen.

GUT ZU WISSEN

Miso gibt es in unterschiedlichen Varianten im Bio-
Laden zu kaufen. Als Faustregel gilt: Je dunkler die
Paste, desto würziger und salziger schmeckt sie. Für
die Suppe am besten ein mitteldunkles Miso wählen.

Pikantes zum Sattessen

Die Allround-Genies Tofu, Tempeh & Co. präsentieren sich hier von ihrer besten Seite – das meiste ist im Handumdrehen fertig, und alles ist so abwechslungsreich zubereitet, dass niemals Langeweile aufkommt. Also gleich ausprobieren, vielleicht überzeugt schon dieses würzige Tofugericht mit Kokosmilch?

Tofu und Zuckerschoten in Kokosmilch

250 g Zuckerschoten
Salz
1 Bund Frühlingszwiebeln
1 Stück frischer Ingwer (etwa 2 cm)
2 Knoblauchzehen
200 g Kirschtomaten
1 Bio-Limette
400 g Tofu
100 ml Öl zum Frittieren
400 ml Kokosmilch
Chilipulver (nach Geschmack)

Für 4 Personen | ⊕ 25 Min. Zubereitung
Pro Portion ca. 380 kcal, 12 g EW, 31 g F, 15 g KH

1 Zuckerschoten waschen, Enden abschneiden und sich ablösende Fäden abziehen. Salzwasser zum Kochen bringen und die Schoten darin 2 Min. blanchieren. Abschrecken und abtropfen lassen.

2 Frühlingszwiebeln waschen, putzen und samt knackigem Grün in feine Ringe schneiden. 1–2 EL grüne Zwiebelringe beiseitelegen. Den Ingwer und den Knoblauch schälen und fein hacken. Tomaten waschen und halbieren. Limette heiß waschen und abtrocknen, Schale fein abreiben, Saft auspressen.

3 Den Tofu in 1 cm breite und 3 cm lange Streifen schneiden und trockentupfen. Das Öl im Wok heiß werden lassen und den Tofu darin bei starker Hitze in etwa 3 Min. knusprig frittieren. Herausheben und auf Küchenpapier abfetten lassen.

4 Das Öl bis auf einen dünnen Film aus dem Wok gießen. Ingwer, Knoblauch, Frühlingszwiebeln und Zuckerschoten darin unter Rühren bei mittlerer Hitze 1–2 Min. braten. Kokosmilch dazuschütten, mit Limettensaft und -schale sowie Salz und Chili abschmecken. Tomaten und Tofu einlegen und heiß werden lassen. Mit übrigem Zwiebelgrün bestreuen.

sommerlich | machen Eindruck

Gefüllte Tofuschnitten

Tofu mit knuspriger Panade und einer würzigen Füllung aus zitronig abgeschmeckten Kräutern – serviert mit leicht scharfen, kurz geschmorten Tomaten. Ein Gedicht!

1 großes Bund gemischte Kräuter (etwa 30 g, z. B. Rucola, Petersilie und Borretsch)
2 Frühlingszwiebeln
5 EL Olivenöl
2 Knoblauchzehen
½ Bio-Zitrone
Salz
400 g Kirschtomaten
500 g Tofu
80 g gemahlene Mandeln
½ TL Chilipulver
1 EL Balsamico bianco
1 TL flüssiger Honig
Pfeffer

Für 4 Personen | ⊚ 45 Min. Zubereitung
Pro Portion ca. 370 kcal, 15 g EW, 30 g F, 14 g KH

1 Die Kräuter abbrausen und trockenschütteln, die Blättchen abzupfen und fein hacken. Die Frühlingszwiebeln waschen, putzen und mit dem knackigen Grün fein hacken. Beides mit 1 TL Olivenöl in einer kleinen Pfanne unter Rühren 1 Min. bei mittlerer Hitze dünsten und leicht zusammenfallen lassen.

2 Die Kräutermischung in eine kleine Schüssel füllen. Den Knoblauch schälen und dazupressen. Die Zitronenhälfte heiß waschen und abtrocknen, die Schale fein abreiben und ebenfalls dazugeben. Die Mischung mit Salz abschmecken. Die Tomaten waschen und nach Belieben halbieren.

3 Tofu mit Küchenpapier trockentupfen. Je nach Form entweder längs in 4 Scheiben schneiden. Oder den Tofu erst einmal quer halbieren und diese beiden Hälften jeweils der Länge nach in 2 Scheiben schneiden. In jede Scheibe seitlich eine Tasche einschneiden, dabei rundherum einen knapp 1 cm breiten Rand lassen, damit die Tasche beim Füllen später nicht einreißt.

4 Die Kräutermischung vorsichtig in die Taschen füllen, die Öffnung jeweils leicht zusammendrücken. Die Mandeln mit Salz und Chili auf einem flachen Teller vermischen. Die gefüllten Tofuschnitten auf beiden Seiten salzen und rundherum gründlich in den Mandeln wenden.

5 In einer großen Pfanne (am besten antihaftbeschichtet!) 3 ½ EL Olivenöl erhitzen. Die Tofuschnitten darin bei mittlerer Hitze pro Seite etwa 5 Min. braten.

6 Nach knapp der Hälfte der Bratzeit das übrige Öl in einer kleinen Pfanne oder einem Topf erwärmen. Tomaten darin bei mittlerer Hitze andünsten. Mit Balsamico, Honig, Salz und Pfeffer würzen, offen 2–3 Min. schmoren lassen. Falls von der Kräutermischung etwas übrig geblieben ist, mit unter die Tomaten mischen. Zu den Tofuschnitten servieren.

UND DAZU?
Am allerbesten passen zu den gefüllten Tofuschnitten Reis oder Weißbrot, z. B. italienisches Ciabatta.

mediterran | schmecken auch kalt

Sojabratlinge

400 ml Gemüsebrühe
125 g feines Sojagranulat
½ Bund Petersilie | 5 Zweige Thymian
2 Knoblauchzehen | 2 Frühlingszwiebeln
8 in Öl eingelegte, getrocknete Tomaten
2 Eier (Größe M) | 50 g Mehl
Salz | ½ TL Chilipulver | 4 EL Olivenöl

Für 4 Personen | ⏲ 50 Min. Zubereitung
Pro Portion ca. 325 kcal, 24 g EW, 15 g F, 24 g KH

1 Die Gemüsebrühe zum Kochen bringen. Sojagranulat zugeben und etwa 5 Min. kochen, dann
neben dem Herd 30 Min. quellen lassen.

2 Inzwischen die Kräuter abbrausen und trockenschütteln, die Blättchen abzupfen und fein hacken.
Knoblauch schälen und durch die Presse in eine
große Schüssel drücken. Die Frühlingszwiebeln
waschen, putzen und mit dem knackigen Grün in
feine Ringe schneiden. Tomaten fein würfeln.

3 Sojagranulat in einem Sieb abtropfen lassen
und leicht ausdrücken. Mit Kräutern, Zwiebeln und
den Tomaten zum Knoblauch geben. Eier und Mehl
unterrühren, mit Salz und Chili abschmecken.

4 Öl in einer Pfanne erhitzen. Aus der Masse mit
einem Esslöffel flache Küchlein in die Pfanne setzen. Bei mittlerer Hitze pro Seite 4–5 Min. braten.

SERVIER-TIPP
Besonders lecker schmecken die Bratlinge in einem
Ciabatta-Brötchen. Dieses aufschneiden, mit ein paar
Tomatenscheiben belegen, jeweils 2–3 Bratlinge ein-
legen, zusammenklappen und aus der Hand essen.

preiswert | schmecken auch kalt

Tofu-Gemüse-Pflanzerl

500 g gemischtes Gemüse (z. B. Möhren,
Lauch und Staudensellerie) | Salz
2 Knoblauchzehen | ½ Bund Petersilie
300 g Tofu | 1 Ei (Größe M)
60 g (Weizenvollkorn-)Mehl
½ TL fein abgeriebene Bio-Zitronenschale
Salz | Pfeffer | Chilipulver (nach Geschmack)
2 EL Olivenöl

Für 4 Personen | ⏲ 45 Min. Zubereitung
Pro Portion ca. 210 kcal, 11 g EW, 11 g F, 18 g KH

1 Das Gemüse schälen oder waschen und putzen
und in sehr feine, nicht zu lange Streifen schneiden
oder hobeln. Die Gemüsestreifen mit Salz mischen
und gut durchkneten. 5–10 Min. stehen lassen, bis
sie etwas weicher werden.

2 Inzwischen den Knoblauch schälen und sehr
fein hacken. Die Petersilie abbrausen und trockenschütteln, die Blättchen fein hacken. Den Tofu mit
einer Gabel fein zerdrücken. Die Gemüsestreifen in
einem Sieb abtropfen lassen und leicht ausdrücken.

3 Gemüse, Knoblauch, Petersilie und Tofu mit Ei,
Mehl und Zitronenschale in eine Schüssel geben.
Mit Salz, Pfeffer und Chilipulver würzen und kräftig
durchkneten, bis die Masse gut zusammenhält.
Daraus etwa zwölf Küchlein formen. Das Öl in einer
Pfanne erhitzen und die Pflanzerl darin bei mittlerer
Hitze pro Seite etwa 5 Min. braten.

UND DAZU?
Ein Kartoffelsalat passt gut, aber auch Brot und Salat
lassen sich bestes mit den Pflanzerln kombinieren.

gelingt leicht | vitaminreich

Panierter Gemüsetofu mit Tomatensalat

Saftig-würziger Tofu, der durch die Panade besonders knusprig aus der Pfanne kommt – und mit dem fein-säuerlichen Salat eine leichte, sommerliche Mahlzeit abgibt.

Für den Tofu

400 g Gemüsetofu (ersatzweise
Pilz- oder Algentofu)

Salz | 1 TL rosenscharfes Paprikapulver

2 Eier (Größe S oder M)

50 g (Weizenvollkorn-)Mehl

100 g (Vollkorn-)Semmelbrösel

2 EL Butterschmalz oder Öl

Für den Salat

2 kleine rote oder weiße Zwiebeln

1 EL Zitronensaft

1 TL flüssiger Honig

Salz | Pfeffer

3 EL Olivenöl

500 g reife, aber feste Tomaten

½ Bund Basilikum

Für 4 Personen | ⏲ 35 Min. Zubereitung
Pro Portion ca. 385 kcal, 16 g EW, 21 g F, 33 g KH

1 Tofu in knapp 1 cm dicke Scheiben schneiden und diese auf beiden Seiten mit Salz und Paprikapulver würzen. Kurz ziehen lassen.

2 Inzwischen für den Salat die Zwiebeln schälen, vierteln und in feine Streifen schneiden. Zitronensaft mit Honig, Salz und Pfeffer verrühren, das Öl unterschlagen. Die Zwiebeln unter die Salatsauce mischen und ziehen lassen, sie werden dadurch schön mild.

3 Die Eier in einen tiefen Teller aufschlagen und verquirlen. Mehl auf einen zweiten Teller streuen, die Semmelbrösel auf einen dritten Teller geben. Die Tofuscheiben erst im Mehl wenden, dann durch die Eier ziehen und zum Schluss rundherum gut in die Semmelbrösel drücken.

4 Butterschmalz oder Öl in einer großen Pfanne (am besten antihaftbeschichtet!) erhitzen. Tofuscheiben einlegen und bei mittlerer Hitze pro Seite 2–3 Min. braten, bis sie schön braun sind.

5 Inzwischen die Tomaten waschen und in dünne Spalten schneiden, dabei Stielansätze entfernen. Die Basilikumblättchen abzupfen und grob zerschneiden. Beides mit den Zwiebeln mischen und abschmecken. Zu den Tofuschnitten servieren.

VARIANTE – GEBRATENER NUSSTOFU

500 g Tofu in etwa ½ cm dünne Scheiben schneiden, in eine flache Schale legen und mit 5 EL Sojasauce beträufeln. Abgedeckt 1–2 Std. stehen lassen. Dann 4 EL Haselnusskerne oder Mandeln fein hacken. Die Tofuscheiben auf beiden Seiten mit Salz, Pfeffer und etwas gemahlenem Koriander würzen, in den Nüssen wenden und in 2 EL Butter oder Öl bei mittlerer Hitze pro Seite etwa 4 Min. braten. Der knusprige Tofu schmeckt zu Gemüse, etwa Spinat oder Ratatouille.

ZUBEREITUNGS-TIPP

Mischen Sie die Tomaten wirklich erst zum Schluss mit den Zwiebeln, sie ziehen sonst zu viel Flüssigkeit und der Salat wird wässrig.

Tofu mit Erdnüssen

600 g Tofu | 4 getrocknete Chilischoten | 6 EL Sojasauce | 6 EL trockener Sherry oder Reiswein | 5 EL dunkler Reisessig oder Aceto balsamico | ¼ TL Zimtpulver | 2 TL Zucker | 4 EL Öl | 100 g Erdnusskerne (frisch geröstet und ungesalzen) | Salz | Korianderblättchen zum Bestreuen

Für 4 Personen | ⏲ 15 Min. Zubereitung
Pro Portion ca. 410 kcal, 19 g EW, 30 g F, 12 g KH

1 Den Tofu mit Küchenpapier trockentupfen und in knapp 1 cm große Würfel schneiden. Chilischoten im Mörser fein zerstoßen und mit Sojasauce, Sherry oder Reiswein, Essig, Zimt und Zucker verrühren.

2 Öl im Wok heiß werden lassen. Erdnüsse darin bei mittlerer Hitze unter Rühren goldbraun rösten. Salzen und aus dem Wok heben. Den Tofu im Öl rundherum bei starker Hitze in etwa 5 Min. knusprig braten. Mit der Sauce begießen, die Erdnüsse untermischen und noch einmal gut heiß werden lassen. Mit Koriander bestreuen. Mit Reis servieren.

Tofu in Ingwersauce

600 g Tofu | 25 g frischer Ingwer | 2 Knoblauchzehen | 1 Bund Frühlingszwiebeln | 300 g Tomaten | 4 EL Öl | 2 EL Sojasauce | 1 ½ TL Currypulver | Salz | (Thai-)Basilikumblättchen zum Bestreuen

Für 4 Personen | ⏲ 20 Min. Zubereitung
Pro Portion ca. 240 kcal, 14 g EW, 18 g F, 7 g KH

1 Tofu mit Küchenpapier trockentupfen, in 1 cm große Würfel schneiden. Ingwer und Knoblauch schälen, fein hacken. Frühlingszwiebeln waschen, putzen, in feine Ringe schneiden. 1–2 EL grüne Zwiebelringe beseitelegen. Tomaten waschen und in kleine Würfel schneiden, Stielansätze entfernen.

2 Öl im Wok heiß werden lassen. Tofu darin bei starker Hitze in etwa 5 Min. rundherum gut braun braten, herausnehmen. Hitze auf mittlere Stufe stellen und Ingwer, Knoblauch und Zwiebeln kurz andünsten. Tomaten dazugeben, mit Sojasauce, Curry und Salz abschmecken, Tofu untermischen. Mit Basilikum und übrigem Zwiebelgrün bestreuen.

aus China | ganz einfach

Tofu mit schwarzen Bohnen und Hack

„Nach Art der Mapo" wird dieses Gericht in China genannt – und ist eine geniale Mischung aus mildem Tofu, würzig fermentierten Bohnen und saftigem Hackfleisch!

1 Stück frischer Ingwer (etwa 3 cm) | 4 Knoblauchzehen | 2 Frühlingszwiebeln | 1 rote Chilischote | 30 g fermentierte schwarze Bohnen (siehe auch rechts unten) | 500 g Tofu | 2 EL Öl | 250 g Schweinehackfleisch | ¼ l Hühnerbrühe oder Asia-Fond (aus dem Glas) | 2 EL Sojasauce | Salz

Für 4 Personen | 🌀 30 Min. Zubereitung
Pro Portion ca. 245 kcal, 25 g EW, 13 g F, 9 g KH

1 Den Ingwer und den Knoblauch schälen und fein hacken. Die Frühlingszwiebeln waschen, putzen und mit dem knackigen Grün in feine Ringe schneiden. Die Chilischote waschen, entstielen und mit den Kernen in feine Ringe schneiden. Die Bohnen fein hacken. Den Tofu mit Küchenpapier trockentupfen und in etwa 1 cm große Würfel schneiden.

2 Öl im Wok heiß werden lassen. Ingwer, Knoblauch, Zwiebeln und Chili darin unter Rühren bei mittlerer Hitze andünsten. Hackfleisch dazugeben und braten, bis es nicht mehr rot und schön krümelig ist. Brühe oder Fond und die Sojasauce dazugeben, Bohnen untermischen und alles mit Salz abschmecken. Tofu einlegen und in etwa 5 Min. gut heiß werden lassen, dann gleich servieren.

GUT ZU WISSEN
Fermentierte schwarze Bohnen gibt es im Asia-Laden im Beutel zu kaufen. Wer sie nicht bekommt, nimmt stattdessen fertige Bohnensauce aus dem Glas.

UND DAZU?
Sehr fein schmeckt körnig gegarter Reis. Außerdem am besten Sesam- und Chiliöl zum individuellen Nachwürzen mit auf den Tisch stellen.

leicht scharf | saftig und knusprig

Gegrillter Tofu

200 g Tomaten
3 Knoblauchzehen
2 TL grüne Pfefferkörner
(frisch oder aus dem Glas)
2 TL Tomatenmark
2 TL flüssiger Honig
1 ½ EL Sojasauce
½ EL Zitronensaft
Salz
Chilipulver (nach Geschmack)
600 g Tofu
Öl für den Grillrost

Für 4 Personen
🕐 20 Min. Zubereitung | 2 Std. Marinieren
Pro Portion ca. 205 kcal, 16 g EW, 11 g F, 10 g KH

1   Die Tomaten waschen und halbieren. Das Fruchtfleisch auf der Rohkostreibe (feine Seite) so in eine Schüssel reiben, dass Schalen und Stielansätze übrig bleiben. Knoblauch schälen und dazupressen. Pfefferkörner hacken und mit Tomatenmark, Honig, Sojasauce und Zitronensaft darunterrühren. Marinade mit Salz und Chili abschmecken.

2   Den Tofu in gut 1 cm dicke Scheiben schneiden, in eine Schale legen und mit Marinade begießen. Abgedeckt mindestens 2 Std. ziehen lassen.

3   Dann den Holzkohlengrill anheizen, den Grillrost gut einölen. Tofu mit etwa 10 cm Abstand zur Glut auf den Rost legen und etwa 10 Min. grillen. Dabei ab und zu umdrehen und zwischendurch mit der Marinade bepinseln.

lassen sich gut vorbereiten | mediterran

Gratinierte Tofubällchen

500 g junge Zucchini
Salz | Pfeffer
400 g Tomaten
1 rote Zwiebel
2 Knoblauchzehen
6 Zweige Thymian
3 EL Olivenöl
400 g Tofu
30 g frisch geriebener Parmesan
30 g gemahlene Mandeln
1 Ei (Größe M)
Chilipulver (nach Geschmack)

Für 4 Personen
🕐 30 Min. Zubereitung | 30 Min. Backen
Pro Portion ca. 280 kcal, 16 g EW, 21 g F, 7 g KH

1   Die Zucchini waschen, putzen und in feine Scheiben hobeln. In einer ofenfesten Form mit Salz und Pfeffer mischen.

2   Tomaten waschen und fein würfeln, dabei Stielansätze entfernen. Zwiebel und Knoblauch schälen und fein hacken. Thymian abbrausen und trockenschütteln, Blättchen abstreifen. Tomaten, Zwiebel, Knoblauch und Thymian mit 2 EL Öl vermischen, salzen, pfeffern und auf den Zucchini verteilen.

3   Den Backofen auf 200° (Umluft 180°) vorheizen. Tofu mit der Gabel fein zerdrücken. Mit Parmesan, Mandeln, Ei, Salz und Chilipulver sehr gründlich vermengen und zu knapp tischtennisballgroßen Bällchen formen. Auf dem Gemüse verteilen, mit dem restlichen Öl beträufeln und im Ofen (Mitte) etwa 30 Min. backen.

oben: Gegrillter Tofu | unten: Gratinierte Tofubällchen

macht was her | orientalisch-asiatisch gewürzt

Frittierter Tofu mit Joghurtsauce

„Tofu wie aus einer anderen Welt" – so kommt er hier auf den Tisch. Dabei sollte er möglichst rasch serviert werden, damit die knusprige Teighülle auch schön bleibt!

Für den Tofu

175 g Mehl
1 gehäufter TL Salz
2 TL Ras-el-hanout (marokkanische Gewürz-mischung, aus dem Asia-Laden)
2 TL rosenscharfes Paprikapulver
175 ml Weißwein
2 Eier (Größe M)
2 TL Olivenöl
400 g Tofu
200 g kleine Champignons oder Egerlinge
¾ l Öl zum Frittieren

Für die Joghurtsauce

½ Bund Koriandergrün
1 Stück frischer Ingwer (etwa 3 cm)
400 g Joghurt (wer mag, nimmt Sojaghurt)
2 TL Olivenöl
Salz | Pfeffer

Für 4 Personen | ⊕ 45 Min. Zubereitung
Pro Portion ca. 530 kcal, 17 g EW, 30 g F, 39 g KH

1 Für den Teig das Mehl mit Salz und Gewürzen in einer Schüssel mischen. Wein, Eier und Öl nach und nach mit dem Schneebesen unterschlagen, bis der Teig schön glatt ist. 30 Min. stehen lassen.

2 Inzwischen den Tofu mit Küchenpapier trockentupfen und in gut 1 cm große Würfel schneiden. Die Pilze mit feuchtem Küchenpapier sauber abreiben, Stielenden abschneiden.

3 Für die Sauce Koriander abbrausen, trockenschütteln und fein hacken. Ingwer schälen und durch die Knoblauchpresse zum Joghurt drücken. Öl und Koriander untermischen, salzen, pfeffern.

4 Öl zum Frittieren in einem weiten Topf oder im Wok erhitzen. Tofu und Pilze nach und nach in den Teig legen, mit einer Gabel herausfischen und im Öl in 3–4 Min. goldgelb frittieren. Mit dem Schaumlöffel herausheben und auf Küchenpapier abfetten lassen. Wenn alles frittiert ist, mit der Sauce essen.

ZUBEREITUNGS-TIPP

Bei dieser großen Menge an Tofu und Pilzen muss man portionsweise frittieren, sonst kühlt das Fett zu sehr ab und der Teig saugt sich damit voll. Die gebackenen Stücke am besten im Ofen bei 50° warm halten.

UND DAZU?

Außer der Sauce passt Fladenbrot und eventuell ein Tomatensalat.

VARIANTE – TEMPEHSPIESSE MIT ERDNUSSSAUCE

Für die Sauce 125 g Erdnusscreme (aus dem Glas) mit 150 ml Kokosmilch und 1–2 EL Limettensaft verrühren und mit 3 TL Sambal oelek, 2 TL flüssigem Honig und 2 EL Sojasauce abschmecken. Eventuell leicht salzen. 500 g Tempeh in knapp 2 cm große Würfel schneiden. 1 rote Paprikaschoten waschen, putzen und ebenso groß würfeln. 8 Frühlingszwiebeln waschen, putzen, in 2-cm-Stücke schneiden. Alles abwechselnd auf Spieße stecken. Im heißen Öl 2–3 Min. frittieren und mit der Erdnusssauce servieren. Dazu schmeckt außerdem Reis.

Genuss auch fürs Auge | gelingt leicht

Wokgemüse mit Tempeh

1 rote Paprikaschote
1 dicke Möhre
1 Bund Frühlingszwiebeln
2 Knoblauchzehen
½ Bio-Zitrone
1 rote Chilischote
500 g Tempeh | 4 EL Öl
150 ml Gemüsebrühe
1 TL flüssiger Honig | Salz
Koriander- oder Basilikumblättchen
zum Bestreuen

Für 4 Personen | ⏱ 30 Min. Zubereitung
Pro Portion ca. 375 kcal, 25 g EW, 19 g F, 26 g KH

1 Paprikaschote waschen, putzen und in kleine
Rauten oder Würfel schneiden. Möhre schälen und
längs in dünne Scheiben, dann quer in feine Stifte
schneiden. Frühlingszwiebeln waschen, putzen und
in Ringe schneiden. Den Knoblauch schälen und
fein schneiden. Zitronenhälfte heiß waschen und
abtrocknen, Schale dünn abschneiden und in feine
Streifen schneiden, den Saft auspressen. Die Chilischote waschen, entstielen und mit den Kernen in
feine Ringe schneiden. Tempeh in dünne Scheiben
schneiden, diese noch einmal quer halbieren.

2 Öl im Wok erhitzen. Tempeh darin bei starker
Hitze von beiden Seiten in ingesamt 2–3 Min.
knusprig braten, wieder herausnehmen. Gemüse
im Fett in 3–4 Min. unter Rühren bissfest braten.
Brühe und Honig mit Zitronenschale und -saft zugeben und aufkochen. Gemüse salzen und Tempeh
wieder untermischen und erwärmen. Mit Koriander
oder Basilikum bestreut servieren.

angenehm scharf | würzig

Tempeh-Curry mit Kürbis

400 g Tempeh
1 Stück Kürbis (etwa 400 g)
500 g Tomaten
2 Knoblauchzehen
1 Stück frischer Ingwer (etwa 2 cm)
1 rote Chilischote
1 TL Fenchelsamen
1 EL Currypulver
1 Prise Zimtpulver | Salz
4 EL Öl
200 ml Gemüsebrühe

Für 4 Personen | ⏱ 40 Min. Zubereitung
Pro Portion ca. 330 kcal, 21 g EW, 17 g F, 23 g KH

1 Tempeh etwa 1 cm groß würfeln. Den Kürbis
schälen und von den Kernen samt den Fasern befreien. Den Kürbis ebenfalls würfeln. Tomaten mit
kochend heißem Wasser überbrühen, abschrecken,
häuten und genauso groß würfeln, dabei die Stielansätze entfernen. Knoblauch und Ingwer schälen
und fein hacken. Chilischote waschen, entstielen
und mit den Kernen in feine Ringe schneiden.

2 Die Fenchelsamen im Mörser so gut wie mög-
lich zerdrücken und mit den übrigen Gewürzen und
Salz mischen. Das Öl in einer Pfanne oder im Wok
erhitzen. Tempeh darin bei starker Hitze rundherum
gut anbraten, herausheben. Kürbis mit Knoblauch
und Ingwer im Öl unter Rühren anbraten. Gewürze
darüberstreuen und kurz mitbraten. Tomaten und
Brühe dazugeben und alles bei schwacher Hitze
zugedeckt etwa 15 Min. schmoren. Tempeh wieder
untermischen und erwärmen. Das Curry mit Salz
abschmecken und mit Reis servieren.

preiswert | fettarm

Tofuklößchen in Kapernsauce

Königsberger Klopse auf vegetarische Art. Mit Tofu brauchen sie ein bisschen mehr Würze, sind dann aber mindestens ebenso köstlich wie ihr berühmtes Vorbild.

Für die Klößchen
1 kleines Bund Petersilie
1 Stück frischer Meerrettich (etwa 2 cm)
½ Bio-Zitrone | 400 g Tofu
2 EL Semmelbrösel | 1 Ei (Größe M)
1 TL scharfer Senf | Salz | Pfeffer
½ l Gemüsebrühe

Für die Sauce
2 EL Butter | 2 EL Mehl (20 g)
½ l Brühe (von den Tofuklößchen)
150 g Sahne
2 TL Zitronensaft (von der Zitronenhälfte bei den Klößchen)
Salz | Pfeffer
100 g kleine Kapern

Für 4 Personen | ⏲ 40 Min. Zubereitung
Pro Portion ca. 310 kcal, 12 g EW, 23 g F, 12 g KH

1 Für die Klößchen die Petersilie abbrausen und trockenschütteln, die Blättchen abzupfen und fein hacken. Meerrettich schälen und fein reiben. Die Zitronenhälfte heiß waschen und abtrocknen, die Schale fein abreiben (und noch 2 TL Saft für die Sauce auspressen).

2 Tofu mit einer Gabel fein zerdrücken (Bild 1). Petersilie, Meerrettich, Zitronenschale, Semmel-brösel, Ei, Senf, Salz und Pfeffer dazugeben und alles mit den Händen sehr kräftig durchkneten, bis die Masse zusammenhält (Bild 2).

3 Aus der Tofumasse mit den Händen etwa wal-nussgroße Bällchen formen. Die Gemüsebrühe in einem weiten Topf zum Kochen bringen. Die Hitze reduzieren und die Tofuklößchen in der Brühe bei schwacher Hitze in 10 Min. gar ziehen lassen. Mit dem Schaumlöffel herausheben, warm stellen (die Brühe nicht wegschütten!).

4 Für die Sauce Butter in einem Topf schmelzen lassen, Mehl einrühren und goldgelb anschwitzen. Die Brühe von den Tofuklößchen nach und nach mit dem Schneebesen unterschlagen. Sauce offen etwa 10 Min. bei schwacher Hitze köcheln lassen. Die Sahne unterrühren und die Sauce mit dem Zitronensaft, Salz und Pfeffer abschmecken. Kapern untermischen, Tofuklößchen einlegen und noch einmal gut heiß werden lassen, servieren (Bild 3).

TIPP – PROBEKLÖSSCHEN
Damit man später keine böse Überraschung erlebt, am besten erst einmal ein Klößchen zur Probe garen. Dafür in einem kleinen Topf Wasser zum Kochen bringen und das Klößchen einlegen. Hält es nach 1–2 Min. noch gut zusammen, ist alles in Ordnung. Kocht es ab und fällt auseinander, muss noch etwas Mehl an die Tofumasse.

VARIANTE – MIT SARDELLENFILETS
Wer nicht ganz vegetarisch und noch würziger essen will, zerdrückt 2 eingelegte Sardellenfilets mit einer Gabel und mischt sie mit unter den Tofuteig.

UND DAZU?
Am besten passen Reis oder Kartoffelpüree.

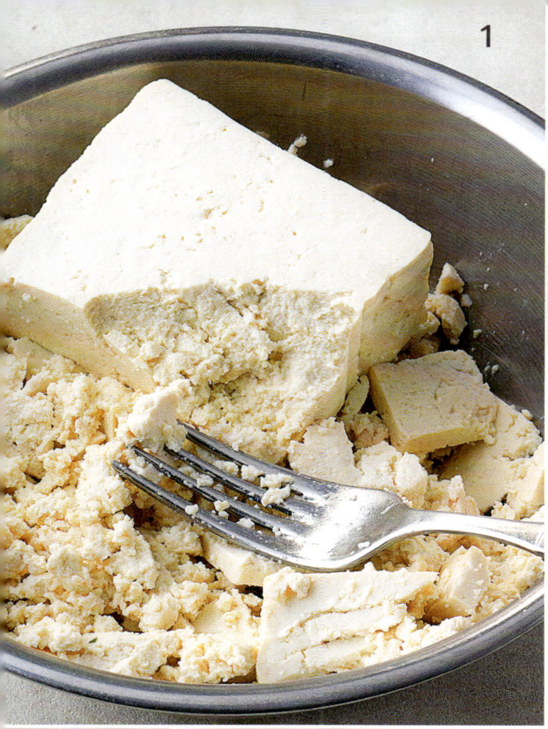
1

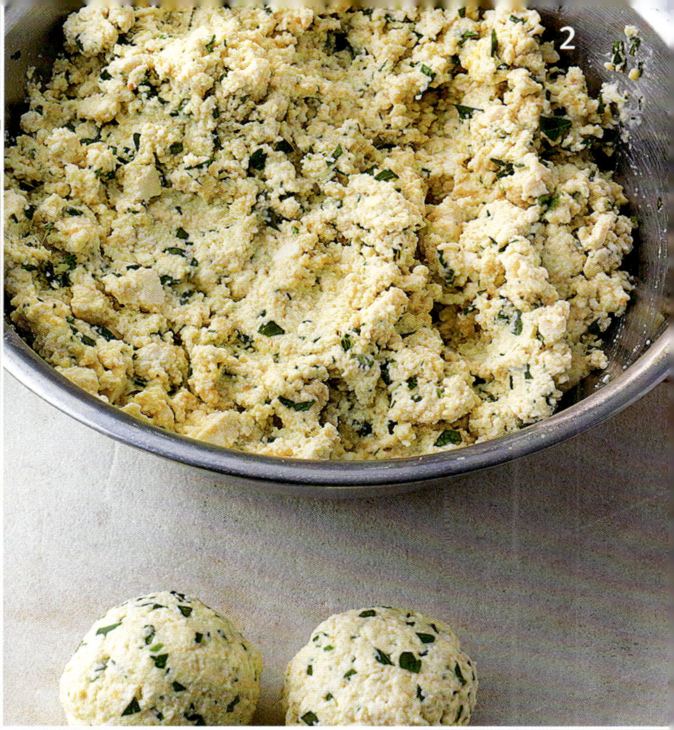
2

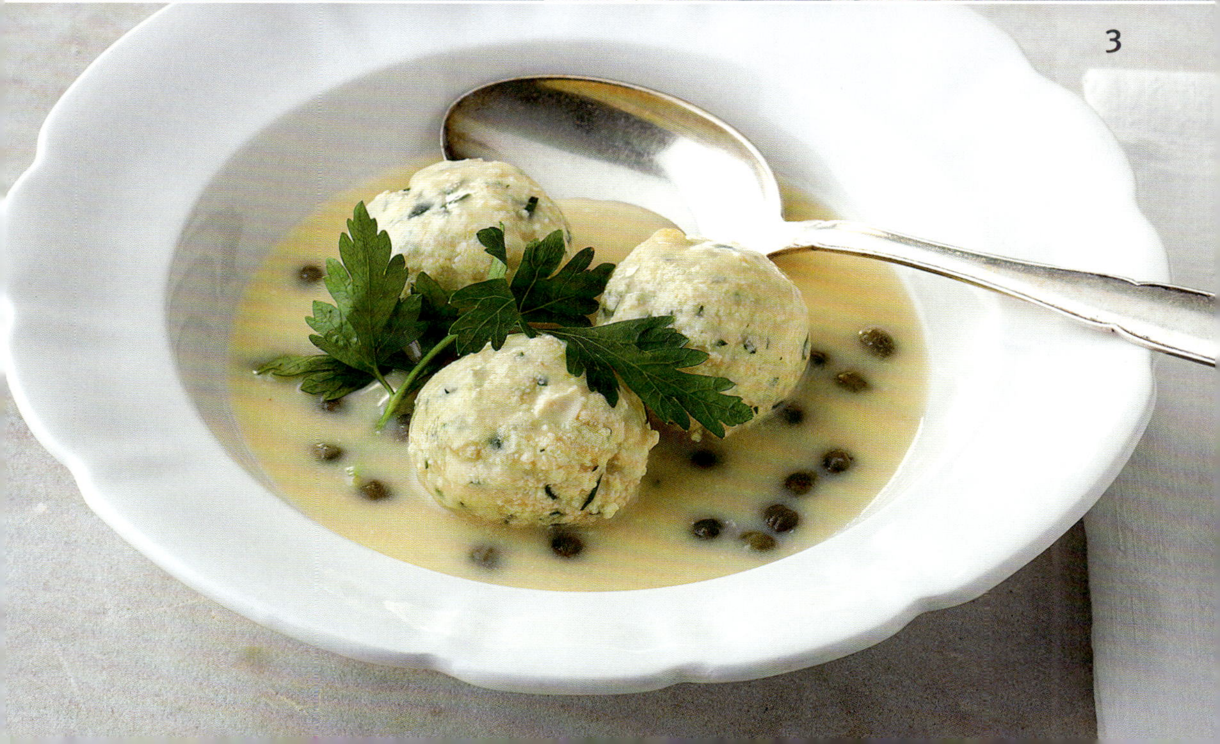
3

vegan | aromatisch

Spaghetti mit Sojasugo

350 ml Gemüsebrühe
100 g feines Sojagranulat
150 g Champignons oder Egerlinge
400 g Tomaten | 1 Zwiebel
2 Knoblauchzehen | 1 Zweig Rosmarin
2 EL Olivenöl | 1 TL Tomatenmark
Salz | Pfeffer | 1 Prise Chilipulver
400 g (Vollkorn-)Spaghetti

Für 4 Personen | ⏱ 35 Min. Zubereitung
Pro Portion ca. 500 kcal, 27 g EW, 7 g F, 82 g KH

1 Die Brühe aufkochen. Das Sojagranulat in einer Schüssel damit begießen, 15 Min. ziehen lassen.

2 Inzwischen die Pilze mit feuchtem Küchenpapier abreiben, von den Stielenden befreien, in dünne Scheiben schneiden. Tomaten mit kochend heißem Wasser überbrühen, abschrecken, häuten und fein würfeln, dabei die Stielansätze entfernen. Zwiebel und Knoblauch schälen und fein hacken. Den Rosmarin abbrausen und trockenschütteln, die Blättchen fein schneiden. Das Sojagranulat in einem Sieb abtropfen lassen, die Brühe dabei auffangen.

3 Öl in einem Topf erhitzen. Zwiebel und Knoblauch darin mit Rosmarin und Pilzen andünsten. Granulat kurz mitbraten, dann Tomaten und Brühe untermischen. Mit Tomatenmark, Salz, Pfeffer und Chili würzen und den Sugo bei schwacher Hitze offen etwa 15 Min. köcheln lassen.

4 Inzwischen die Nudeln in reichlich sprudelnd kochendem Salzwasser nach Packungsangabe al dente kochen. Abgießen und mit dem Sugo vermischen. Dazu passt frisch geriebener Parmesan.

mit Meeresfrüchten | ganz einfach

Knuspernudeln mit Tofu

300 g Tofu | 1 EL Teriyaki-Marinade
1 EL süße Chilisauce
250 g chinesische Eiernudeln | Salz
1 Mini-Salatgurke | 1 rote Paprikaschote
1 Stück frischer Ingwer (etwa 2 cm)
250 g geschälte Garnelen (roh oder gekocht)
6 EL Öl | 2 EL helle Sojasauce

Für 4 Personen | ⏱ 30 Min. Zubereitung
Pro Portion ca. 485 kcal, 18 g EW, 21 g F, 4 g KH

1 Den Tofu in knapp 1 cm große Würfel schneiden. Teriyaki-Marinade mit Chilisauce verrühren und unter die Tofuwürfel mischen.

2 Nudeln nach Packungsanweisung in sprudelnd kochendem Salzwasser bissfest garen oder mit kochend heißem Wasser übergießen und ziehen lassen, abschrecken und abtropfen lassen. Gurke waschen oder schälen, längs halbieren und die Kerne herauskratzen. Die Gurke quer in dünne Scheiben schneiden. Paprika waschen, putzen und in feine Streifen schneiden. Ingwer schälen und fein hacken. Garnelen waschen und trockentupfen.

3 Das Öl im Wok oder in einer Pfanne erhitzen. Nudeln hineingeben und bei starker Hitze 2–3 Min. braten, bis sie braun werden, dann erst umdrehen und noch einmal so lang braten. Herausnehmen. Gurke, Paprika und Ingwer im Bratfett etwa 2 Min. unter Rühren braten, dann die Garnelen und den Tofu dazugeben und 1 Min. weiterbraten, bis rohe Garnelen rot oder gegarte warm sind. Die Nudeln wieder untermischen, mit der Sojasauce und Salz abschmecken und gleich servieren.

mediterran | vegan

Brokkoli-Kürbis-Topf mit Würztofu

500 g Brokkoli | Salz
1 Stück Kürbis (etwa 600 g)
2 Schalotten | 2 Knoblauchzehen
2 Zweige Rosmarin | 300 g Tomaten
2 EL Olivenöl | 2 EL Oliven
½ TL Chilipulver
400 g Tofu rosso (mit Tomaten, ersatzweise einer mit Oliven oder mit Gemüse)

Für 4 Personen | ⏱ 30 Min. Zubereitung
Pro Portion ca. 215 kcal, 14 g EW, 11 g F, 14 g KH

1 Brokkoli waschen, die Röschen abschneiden, Stiele schälen und in dünne Scheiben schneiden. Brokkoli in kochendem Salzwasser etwa 3 Min. vorgaren. In ein Sieb abgießen (das Kochwasser auffangen), abschrecken und abtropfen lassen.

2 Kürbis schälen und von den Kernen samt den Fasern befreien. Den Kürbis gut 1 cm groß würfeln. Schalotten und Knoblauch schälen. Die Schalotten vierteln und in Streifen schneiden, den Knoblauch hacken. Rosmarin abbrausen und trockenschütteln, die Blättchen fein hacken. Die Tomaten waschen und klein würfeln, Stielansätze entfernen.

3 Schalotten, Knoblauch und Rosmarin im Öl andünsten, den Kürbis zugeben. 1/8 l Kochwasser und die Tomaten untermischen, salzen und etwa 5 Min. zugedeckt bei schwacher Hitze dünsten. Brokkoli und Oliven untermischen, mit Salz und Chili würzen und weitere 2 Min. dünsten. Tofu 2 cm groß würfeln, aufs Gemüse legen und zugedeckt in 1 Min. warm werden lassen. Vorsichtig unterheben, servieren.

würzig-frisch | gelingt leicht

Linsen mit Pilztofu und Zitronensauce

1 Bund Suppengrün
2 Knoblauchzehen | 3 EL Olivenöl
400 g braune oder grüne Linsen
800 ml Gemüsebrühe
1 TL Tomatenmark
400 g Pilztofu (auch gut: normaler Tofu)
1 große Bio-Zitrone
150 g Sahne oder Sojaghurt
Salz | 1 TL Chilipulver
1 TL flüssiger Honig

Für 4 Personen | ⏱ 1 Std. Zubereitung
Pro Portion ca. 635 kcal, 33 g EW, 27 g F, 66 g KH

1 Das Suppengrün schälen oder waschen, putzen und in kleine Würfel schneiden. Knoblauch schälen und in dünne Scheiben schneiden. In einem Topf 1 EL Öl erhitzen und das Suppengrün mit dem Knoblauch darin andünsten. Linsen zugeben und kurz mitdünsten, dann mit der Brühe aufgießen und das Tomatenmark unterrühren. Die Linsen zugedeckt bei mittlerer Hitze in 40–45 Min. weich, aber noch bissfest garen.

2 Inzwischen den Pilztofu 1 cm groß würfeln. Die Zitrone heiß waschen und abtrocknen, die Schale fein abreiben, 2 EL Saft auspressen. Zitronenschale und -saft mit der Sahne oder dem Sojaghurt, Salz, Chilipuver und dem Honig verrühren.

3 Das übrige Öl in einer Pfanne erhitzen, den Pilztofu darin rundherum bei starker Hitze in 2–3 Min. braun braten. Dann mit der Sauce unter die Linsen mischen, mit Salz abschmecken und servieren.

vegetarisch | scharf

Chilikraut mit Räuchertofu und Mango

*Das Sieger-Rezept des Großen GU-Rezeptwettbewerbs auf
küchengötter.de! Mit ihrem exotischen Tofurezept überzeugte
Küchengöttin Karin Heller die Kochbuchredaktion.*

5 große Orangen (davon 1 Bio-Orange)
2 rote Chilischoten | 1 TL Fenchelsamen
200 g Räuchertofu | 3 Schalotten
2 EL Olivenöl | 600 g Weinsauerkraut
1 EL Rosinen | 1 kleine, vollreife Mango
1 EL Honig | Salz

Für 4 Personen
⏲ 15 Min. Zubereitung | 20 Min. Garen
Pro Portion ca. 160 kcal, 7 g EW, 3 g F, 24 g KH

1 Die Bio-Orange heiß waschen und abtrocknen,
etwa 1 EL Schale fein abreiben. Den Saft von allen
Orangen auspressen und etwa 400 ml abmessen.
Chilischoten waschen, entstielen, mit den Kernen
in feine Ringe schneiden. Fenchelsamen im Mörser
fein zerstoßen. Den Tofu in etwa 1 cm große Würfel
schneiden. Schalotten schälen und klein würfeln.

2 Das Olivenöl in einem Topf erhitzen und die
Schalotten darin bei mittlerer Hitze andünsten.
Das Sauerkraut dazugeben und 1–2 Min. mit
andünsten. Dabei ab und zu umrühren und das
Kraut mit zwei Gabeln zerzupfen.

3 Fenchelsamen, Chili und Orangenschale unter
das Kraut mischen, etwa 300 ml Orangensaft dazugießen. Hitze auf geringe Stufe zurückschalten.

4 Den Tofu mit in den Topf geben und alles etwa
20 Min. im geschlossenen Topf sanft garen. Dabei
nach Bedarf immer wieder etwas vom restlichen
Orangensaft dazugießen. Nach rund der Hälfte der
Garzeit auch die Rosinen dazugeben.

5 Kurz vor Garzeitende die Mango schälen und
das Fruchtfleisch vom Kern schneiden. Das Fruchtfleisch etwa 1 cm groß würfeln, unter das Chilikraut
mischen und heiß werden lassen. Alles mit Honig
und Salz abschmecken.

TIPP – ORANGEN UND ORANGENSAFT
Je nach Orangensorte kann man mehr oder weniger Saft
aus den Früchten herauspressen. Sollten es nicht 400 ml
werden, dann einfach den ausgepressten Orangensaft
mit Wasser oder Gemüsebrühe auf die benötigte Menge
auffüllen. Und wer keine Lust aufs Pressen hat, nimmt
ganz simpel Orangensaft aus der Flasche – am besten
Direktsaft aus dem Kühlregal.

küchen götter
powered by GU

Sie haben auch ein tolles Rezept? Dann machen Sie mit bei:
www.küchengötter.de

Süße Verführungen

Soja und süß – passt das überhaupt? Aber ja, denn Tofu macht viele Süßspeisen wunderbar cremig, ohne dabei fett und schwer zu sein. Ideal also, um in Süßem zu schwelgen und sich dennoch leicht zu ernähren. Wenn es dann auch noch so gut schmeckt wie das Müsli hier, ist doch alles in Ordung, oder?

Sojamüsli mit Honig und Nüssen

80 g feines Sojagranulat
¼ l naturtrüber Apfelsaft
2 EL flüssiger Honig
1 TL Zimtpulver
1 säuerlicher Apfel
1 Birne | 1 EL Zitronensaft
100 g gemischte Nusskerne
1 EL Butter
1 EL Zucker
4 EL Joghurt oder saure Sahne
(nach Belieben)

Für 4 Personen
◎ 20 Min. Zubereitung | 30 Min. Quellen
Pro Portion ca. 350 kcal, 15 g EW, 19 g F, 34 g KH

1 Das Sojagranulat mit Apfelsaft, Honig und Zimt erhitzen und 3–4 Min. leicht köcheln lassen. Vom Herd nehmen und 30 Min. quellen lassen.

2 Dann den Apfel und die Birne waschen oder schälen, vierteln und vom Kerngehäuse befreien. Die Fruchtviertel in kleine Würfel schneiden und mit dem Zitronensaft mischen. Nusskerne grob hacken.

3 Die Butter mit dem Zucker bei mittlerer Hitze schmelzen lassen, die Nusskerne dazugeben und unter Rühren 1–2 Min. braten, bis sie knusprig werden. Aus der Pfanne nehmen.

4 Das Sojagranulat mit den Früchten und den Knuspernüssen mischen, in Schälchen verteilen. Nach Belieben mit je 1 EL Joghurt oder saurer Sahne garnieren.

AUSTAUSCH-TIPP

Bei der Wahl der Früchte richten Sie sich am besten nach der Jahreszeit. So schmecken im Sommer Beeren sehr gut oder auch Pfirsiche und Aprikosen, im Herbst Zwetschgen und im Winter eingeweichte Trockenfrüchte.

Erdbeerdrink

½ Bund Basilikum | 300 g Erdbeeren | 375 g
Sojaghurt | 50 g Erdbeersirup (ersatzweise
Ahornsirup) | 100 ml Mineralwasser

Für 4 Personen | ⏲ 15 Min. Zubereitung
Pro Portion ca. 110 kcal, 5 g EW, 3 g F, 15 g KH

1 Die Basilikumblättchen von den Stängeln zupfen
und einige Blättchen für die Garnitur beiseitelegen,
den Rest fein hacken. Die Erdbeeren vorsichtig
waschen und die Kelchblätter herausschneiden, die
Beeren würfeln.

2 Die Erdbeeren mit dem gehackten Basilikum,
dem Sojaghurt und dem Sirup im Mixer oder mit
dem Pürierstab fein durchmixen. Mit dem Mineral-
wasser auffüllen und in Gläser gießen. Mit den
beiseitegelegten Basilikumblättchen garnieren
und gleich servieren.

Bananen-Schoko-Shake

25 g Zartbitter-Schokolade | ½ l Sojadrink |
2 aromatische reife Bananen | 1 EL Zitronensaft |
2 TL Vanillezucker

Für 4 Personen | ⏲ 15 Min. Zubereitung
Pro Portion ca. 115 kcal, 4 g EW, 5 g F, 15 g KH

1 Die Schokolade in Stücke brechen und mit
etwas Sojadrink in einem Töpfchen bei schwacher
Hitze schmelzen lassen.

2 Bananen schälen und in Scheiben schneiden
oder würfeln. Mit dem restlichen Sojadrink, der
geschmolzenen Schokolade, dem Zitronensaft
und dem Vanillezucker in der Küchenmaschine
oder im Mixer fein pürieren und cremig werden
lassen. In hohe Gläser füllen und gleich servieren.

Tofu-Beeren-Creme

½ Bio-Zitrone | 300 g Himbeeren und Erdbeeren (nach Belieben gemischt) | 250 g Seidentofu | 50 g Ahornsirup oder flüssiger Honig | 1 Prise Pfeffer | Minzeblättchen zum Garnieren | 2 EL Schokosplitter

Für 4 Personen | ⏲ 10 Min. Zubereitung
Pro Portion ca. 120 kcal, 4 g EW, 4 g F, 17 g KH

1 Zitronenhälfte heiß waschen und abtrocknen, die Schale fein abreiben. Die Beeren verlesen, die Erdbeeren auch waschen und die Kelchblätter entfernen. Ein paar schöne Beeren zum Garnieren beiseitelegen. Erdbeeren klein schneiden.

2 Die Beeren mit der Zitronenschale, dem Tofu und dem Ahornsirup oder Honig im Mixer oder mit dem Pürierstab fein pürieren und mit Pfeffer abschmecken. Die Creme in Dessertschälchen oder hübschen Gläsern verteilen. Mit der Minze und den beiseitegelegten Beeren garnieren und mit Schokosplittern bestreuen.

Früchte mit Kokossauce

200 g Zwetschgen oder Aprikosen | 200 g Erdbeeren oder Himbeeren | 1 Banane | 1 Apfel | 1 Birne | 1 EL Zitronensaft | 1 EL flüssiger Honig | 1 EL Butter | 2 EL Zucker | 50 g Kokosraspel | 200 g Sojaghurt

Für 4 Personen | ⏲ 20 Min. Zubereitung
Pro Portion ca. 245 kcal, 5 g EW, 12 g F, 30 g KH

1 Die Früchte schälen oder waschen, putzen und in kleine Stücke schneiden, dabei je nach Sorte vom Stein oder den Kerngehäusen befreien. Die Früchte mit dem Zitronensaft und dem Honig gründlich verrühren und kurz stehen lassen.

2 Inzwischen Butter und Zucker bei mittlerer Hitze schmelzen. Die Kokosraspel einrühren und goldbraun rösten, in eine Schüssel geben und abkühlen lassen. Dann den Sojaghurt untermischen und die Creme eventuell noch leicht süßen. Die Früchte in Dessertschälchen oder hübschen Gläsern verteilen und jeweils etwas Kokossauce darübergeben.

lässt sich gut vorbereiten | für Gäste

Sojamousse mit Mangosauce

3 Blatt weiße Gelatine
1 Vanilleschote
½ Bio-Zitrone
600 g Sojaghurt
50 g Puderzucker
1 Mango
2 EL Orangensaft
2 EL Ahornsirup

Für 4 Personen
🕙 30 Min. Zubereitung | 2 Std. Kühlen
Pro Portion ca. 205 kcal, 9 g EW, 5 g F, 31 g KH

1 Die Gelatine in kaltem Wasser etwa 10 Min. einweichen. Vanilleschote der Länge nach aufschlitzen und das Mark mit dem Messerrücken herauskratzen. Die Zitronenhälfte heiß waschen und abtrocknen, die Schale fein abreiben, den Saft auspressen.

2 Den Sojaghurt mit dem Vanillemark, der Zitronenschale und dem Puderzucker gründlich mit dem Schneebesen verschlagen. Die Gelatine tropfnass in ein kleines Töpfchen geben und bei schwacher Hitze auflösen. (Die Hitze darf nicht zu hoch sein, sonst verliert die Gelatine die Bindekraft.) Gelatine unter die Sojacreme rühren und zum Festwerden für 2 Std. in den Kühlschrank stellen.

3 Die Mango schälen und das Fruchtfleisch in Stücken vom Stein schneiden. Mit Zitronensaft, Orangensaft und Ahornsirup im Mixer oder mit dem Pürierstab fein pürieren. Von der Mousse Nocken abstechen und in Dessertgläsern oder -schalen verteilen. Mit der Sauce garnieren.

ganz einfach | lässt sich gut vorbereiten

Bananen-Tofu-Eis mit Ingwer

1 Bio-Limette
1 Stück frischer Ingwer (etwa 3 cm)
3 Bananen (etwa 500 g)
400 g Seidentofu | 100 g flüssiger Honig
1 Prise frisch geriebene Muskatnuss
Nusskrokant zum Bestreuen

Für 4 Personen
🕙 15 Min. Zubereitung | 4 Std. Gefrieren
Pro Portion ca. 240 kcal, 6 g EW, 4 g F, 49 g KH

1 Die Limette heiß waschen und abtrocknen, die Schale fein abreiben, den Saft auspressen. Den Ingwer schälen und sehr fein hacken. Die Bananen schälen und in Stücke schneiden.

2 Die Bananen mit der Limettenschale und dem -saft, dem Ingwer, dem Tofu und dem Honig im Mixer oder mit dem Pürierstab fein pürieren und mit Muskat abschmecken. Die Mischung in eine Schüssel füllen und für etwa 4 Std. ins Gefrierfach stellen. Dabei häufig durchrühren, damit sich keine zu großen Eiskristalle bilden.

3 Eis aus dem Gefrierfach nehmen und 5–10 Min. stehen lassen. Dann kleine Kugeln abstechen und in Dessertgläser oder -schalen geben. Mit Krokant bestreuen und servieren.

AUSTAUSCH-TIPP
Schmeckt statt mit Bananen auch mit Zwetschgen gut. Dafür die Früchte klein würfeln und im eigenen Saft mit Zucker nach Geschmack 5 Min. dünsten. Abgekühlt wie beschrieben pürieren, statt Muskat Zimt nehmen.

süßes Hauptgericht | lässt sich gut vorbereiten

Frühlingsrollen mit Granatapfel

Honigsüßer Tofu in knusprigen Teigblättern versteckt und mit einer verführerisch leuchtenden Sauce serviert – wer denkt da wohl dran, dass das sogar noch gesund ist?

Für die Frühlingsrollen

50 g Glasnudeln oder feine Reisnudeln

2 Bio-Limetten

50 g Kürbiskerne

200 g Tofu

75 g flüssiger Honig

1 Eiweiß (Größe M)

6 Blätter TK-Frühlingsrollenteig (aufgetaut)

¾ l Öl zum Frittieren

Puderzucker zum Bestäuben

Für die Sauce

1 Granatapfel

3 EL Grenadine (Granatapfelsirup)

1 EL Limettensaft (von den Limetten für die Frühlingsrollen)

Für 4 Personen | ⏱ 1 Std. Zubereitung
Pro Portion ca. 350 kcal, 9 g EW, 20 g F, 34 g KH

1 Für die Frühlingsrollen Glas- oder Reisnudeln in einer Schüssel mit kochend heißem Wasser übergießen und 4–5 Min. quellen lassen. Dann in ein Sieb geben und abschrecken, abtropfen lassen und mit der Küchenschere kleiner schneiden.

2 Limetten heiß waschen und abtrocknen, die Schale fein abreiben (1 EL Saft für die Sauce auspressen). Die Kürbiskerne in einer Pfanne ohne Fett bei mittlerer Hitze leicht anrösten, dann fein hacken. Den Tofu mit einer Gabel fein zerdrücken. Alles mit Nudeln, Honig und Eiweiß gut vermengen.

3 Die Teigblätter in je vier gleich große Stücke schneiden, am Rand mit kaltem Wasser bepinseln. Tofumasse jeweils an einem Ende als längliches Stück darauf verteilen (Bild 1). Ränder nach innen klappen und die Teigstücke ziemlich fest zu Rollen formen. Die Ränder gut andrücken.

4 Den Granatapfel halbieren, in Stücke brechen und die Kerne aus den Häuten lösen (Bild 2). Dabei möglichst eine Schüssel unterstellen, um den ablaufenden Saft aufzufangen. Saft und Kerne mit der Grenadine und dem Limettensaft verrühren.

5 Öl in einem weiten Topf oder im Wok erhitzen. Frühlingsrollen darin portionsweise in etwa 4 Min. goldgelb frittieren. Mit dem Schaumlöffel herausheben und auf einer dicken Lage Küchenpapier abfetten lassen. Wenn alle Rollen fertig sind, auf Tellern verteilen, mit Puderzucker bestäuben und mit der Sauce garniert servieren (Bild 3).

AUSTAUSCH-TIPP
Granatäpfel sind aromatische Früchte, die bei uns im Winter angeboten werden. Wer die Rollen auch mal im Sommer genießen will, nimmt stattdessen Kirschen oder Beeren. Diese in kleine Stücke schneiden und mit Limettensaft und Honig oder Ahornsirup abschmecken.

MEHR LEUTE AM TISCH?
Kein Problem – die Frühlingsrollen vorbereiten und mit einem leicht feuchten Küchentuch bedeckt bis zum Frittieren in den Kühlschrank stellen. Dann die Rollen wie beschrieben portionsweise ausbacken.

lässt sich gut vorbereiten | zum Sattessen

Brösel-Zimt-Tofu mit Rotweinzwetschgen

Ein feines Hauptgericht für den Herbst, wenn es saftige Zwetschgen zu kaufen gibt. Im würzigen Weinsud schmecken die besonders gut und passen super zum knusprigen Tofu!

500 g Zwetschgen | 200 ml fruchtiger Rotwein | 1 Zimtstange | 2 Nelken | 1 Stück Bio-Zitronen- oder Orangenschale (etwa 3 cm) | 100 g Zucker | 400 g Tofu | 100 g Vollkornsemmelbrösel | 1 TL Zimtpulver | 2 EL Butterschmalz

Für 4 Personen | 🕐 40 Min. Zubereitung
Pro Portion ca. 415 kcal, 12 g EW, 10 g F, 59 g KH

1 Die Zwetschgen waschen und halbieren, die Steine entfernen. Den Rotwein mit der Zimtstange, den Nelken, der Zitronen- oder Orangenschale und 75 g Zucker aufkochen und bei starker Hitze offen etwa 10 Min. kochen lassen.

2 Die Zwetschgen unter den Rotweinsud mischen und darin zugedeckt bei mittlerer Hitze 2–3 Min. garen. Im Sud abkühlen lassen.

3 Dann den Tofu mit Küchenpapier trockentupfen und in knapp 1 cm dicke Scheiben schneiden. Die Semmelbrösel auf einem Teller mit dem Zimt und dem übrigen Zucker mischen.

4 Das Butterschmalz in einer großen Pfanne (am besten antihaftbeschichtet!) erhitzen. Tofuscheiben rundherum in den Bröseln wälzen und im Schmalz bei mittlerer Hitze pro Seite in 2–3 Min. knusprig braten. Mit den Zwetschgen sofort servieren.

AUSTAUSCH-TIPP
Im Sommer die Zwetschgen durch Aprikosen ersetzen und den Sud mit fruchtigem Weißwein kochen. Im Frühling schmeckt Rhabarber besonders gut. Den nicht in Wein, sondern in Fruchtsaft (z. B. Erdbeersaft) garen, denn er enthält selbst genug Säure. Und etwas mehr Zucker zugeben.

Tofu-Nuss-Pflänzchen

100 g Walnusskerne | 1 Bio-Orange | 400 g Tofu |
50 g fester Honig | 1 Prise Nelkenpulver | 2 Eier
(Größe M) | 50 g Weizen- oder Dinkelmehl | 2 EL
Butterschmalz oder Öl

Für 4 Personen | ⏱ 20 Min. Zubereitung
Pro Portion ca. 415 kcal, 16 g EW, 29 g F, 24 g KH

1 Die Nusskerne fein hacken. Die Orange heiß
waschen und abtrocknen, die Schale fein abreiben.
Tofu mit einer Gabel fein zerdrücken. Mit Nüssen,
Orangenschale, Honig, Nelkenpulver, Eiern und
Mehl vermengen und zu zwölf Küchlein formen.

2 Das Butterschmalz oder Öl in einer großen
Pfanne erhitzen. Die Küchlein darin bei mittlerer
Hitze pro Seite etwa 4 Min. braten, bis sie schön
gebräunt sind. Tofu-Nuss-Pflänzchen am besten
mit Früchten servieren, z. B. mit den Rotweinzwetschgen auf der linken Seite oder mit Apfel-
mus oder -kompott.

Tofu mit Amarettohaube

2 große Pfirsiche | 2 Eier (Größe M) | 300 g
Seidentofu | 50 g Ahornsirup | 2 EL Amaretto |
100 g Amarettini | 40 g Zucker | 2 TL Zitronensaft

Für 4 Personen
⏱ 25 Min. Zubereitung | 25 Min. Backen
Pro Portion ca. 295 kcal, 9 g EW, 6 g F, 30 g KH

1 Den Backofen auf 180° (Umluft 160°) vorheizen.
Pfirsiche mit kochend heißem Wasser überbrühen,
häuten, entsteinen, würfeln. Die Eier trennen. Die
Eigelbe mit dem Seidentofu, dem Ahornsirup und
dem Amaretto verquirlen, mit den Pfirsichen vermischen und in einer ofenfesten Form verteilen.

2 Die Amarettini in einen Gefrierbeutel geben und
mit dem Nudelholz darüberrollen, bis mittelgrobe
Brösel entstanden sind. Eiweiße zu steifem Schnee
schlagen, dabei nach und nach Zucker und Zitronensaft dazugeben. Die Amarettini unter den Baiser
mischen und auf der Tofu-Pfirsich-Masse verteilen.
Im Ofen (Mitte) etwa 25 Min. backen.

zum Sattessen | machen Eindruck

Tofu-Schwarzbrot-Klößchen mit Erdbeeren

Herzhafte, süße Klößchen auf pfefferwürzigen Erdbeeren serviert – das sieht nicht nur hübsch aus, sondern schmeckt auch noch ganz ausgezeichnet!

Für die Klößchen

50 g altbackenes Schwarzbrot
oder Pumpernickel
50 ml naturtrüber Apfelsaft
2 Stängel Zitronenmelisse
½ Bio-Zitrone
400 g Tofu
1 Ei (Größe M)
1 Eigelb (Größe M)
80 g brauner Zucker
1 EL Speisestärke
Salz

Für die Erdbeeren

400 g Erdbeeren
1 EL flüssiger Honig
1 EL Zitronensaft
1 TL grüne Pfefferkörner
(frisch oder aus dem Glas)

Für 4 Personen | ⏱ 45 Min. Zubereitung
Pro Portion ca. 280 kcal, 12 g EW, 9 g F, 38 g KH

1 Das Schwarzbrot oder den Pumpernickel fein zerkrümeln, in einem Schälchen mit dem Apfelsaft mischen und 10–15 Min. stehen lassen.

2 Inzwischen die Zitronenmelisse abbrausen und trockenschütteln, die Blättchen abzupfen und fein hacken. Die Zitronenhälfte heiß waschen und abtrocknen, die Schale fein abreiben. Den Tofu mit einer Gabel fein zerdrücken. Brotbösel ausdrücken.

3 Den Tofu mit Brotbröseln, Melisse und Zitronenschale, Ei, Eigelb, Zucker und Speisestärke in eine Schüssel füllen und mit den Händen kräftig durchmengen. Aus der Masse walnussgroße Klößchen formen und auf ein Brett legen.

4 In einem großen Topf Salzwasser zum Kochen bringen. Die Klößchen einlegen und bei schwacher Hitze in etwa 10 Min. darin gar ziehen lassen. Das Wasser soll dabei nur ganz leise sieden, keinesfalls sprudelnd kochen.

5 Inzwischen die Erdbeeren vorsichtig waschen und die Kelchblätter entfernen. Die Erdbeeren in dünne Scheiben schneiden. Honig mit Zitronensaft verrühren und mit den Erdbeeren mischen. Die Erdbeeren auf Tellern verteilen. Pfefferkörner nicht zu fein hacken und darüberstreuen. Die Klößchen mit einem Schaumlöffel aus dem Wasser heben, kurz abtropfen lassen und auf den Erdbeeren anrichten. Gleich servieren.

EXOTISCHE VARIANTE

Ersetzen Sie das Schwarzbrot durch helles Brot, nehmen Sie statt der Zitronenmelisse Thai-Basilikum und statt der Zitronenschale die Schale von 1 Bio-Limette. Gewürzt wird mit ½ TL Ras-el-hanout (marokkanische Gewürzmischung, aus dem Asia-Laden), je 1 kräftigen Prise Zimtpulver und frisch geriebener Muskatnuss sowie etwas Chilipulver. Dazu schmecken dann anstelle der bei uns heimischen Erdbeeren exotische Früchte wie Mangos, aber auch frische Feigen sehr gut.

Zum Gebrauch

Damit Sie Rezepte mit bestimmten Zutaten noch schneller finden können, stehen in diesem Register zusätzlich auch beliebte Zutaten wie **Nüsse** oder **Tofu** – ebenfalls alphabetisch geordnet und **hervorgehoben** – über den entsprechenden Rezepten.

A/B/C

Amaretto: Tofu mit Amarettohaube 57
Ananas-Tofu-Salat mit Zwiebeln und Minze 18
Banane
   Bananen-Schoko-Shake 50
   Bananen-Tofu-Eis mit Ingwer 52
Beeren
   Erdbeerdrink 50
   Tofu-Beeren-Creme 51
   Tofu-Schwarzbrot-Klößchen mit Erdbeeren 59
Blattsalate mit gebratenem Tofu 18
Bohnen, schwarze: Tofu mit schwarzen Bohnen und Hack 33
Brokkoli
   Brokkoli-Kürbis-Topf mit Würztofu 45
   Cremige Brokkolisuppe 20
Brösel-Zimt-Tofu mit Rotweinzwetschgen 56
Chilis
   Chilikraut mit Räuchertofu und Mango 46
   Reispapierrollen mit Chilidip 15
Chinesische Eiernudeln: Knuspernudeln mit Tofu 42
Cremige Brokkolisuppe 20

E/F

Eiernudeln, chinesische: Knuspernudeln mit Tofu 42

Erdbeeren: Erdbeerdrink 50
Erdnüsse
   Tempehspieße mit Erdnusssauce 37
   Tofu mit Erdnüssen 32
Frittierter Tofu mit Joghurtsauce 37
Früchte mit Kokossauce 51
Frühlingsrollen mit Granatapfelsauce 54

G/H

Garnelen: Knuspernudeln mit Tofu 42
Gebratener Nusstofu 30
Gefüllte Tofuschnitten 26
Gegrillter Tofu 34
Gemüse
   Sojasprossensalat mit Huhn und Gemüsestreifen 16
   Tofu-Gemüse-Pflanzerl 28
   Wokgemüse mit Tempeh 39
Gemüsetofu: Panierter Gemüsetofu mit Tomatensalat 30
Granatäpfel: Frühlingsrollen mit Granatapfelsauce 54
Gratinierte Tofubällchen 34

H/I/J

Hackfleisch: Tofu mit schwarzen Bohnen und Hack 33
Honig: Sojamüsli mit Honig und Nüssen 49
Huhn: Sojasprossensalat mit Huhn und Gemüsestreifen 16
Ingwer
   Bananen-Tofu-Eis mit Ingwer 52
   Tofu in Ingwersauce 32
Joghurt: Frittierter Tofu mit Joghurtsauce 37

K/L

Kapern: Tofuklößchen in Kapernsauce 40
Knuspernudeln mit Tofu 42

Kokosmilch: Tofu und Zuckerschoten in Kokosmilch 25
Kokosraspel: Früchte mit Kokossauce 51
Kraut: Chilikraut mit Räuchertofu und Mango 46
Kürbis
   Brokkoli-Kürbis-Topf mit Würztofu 45
   Tempeh-Curry mit Kürbis 39
Linsen mit Pilztofu und Zitronensauce 45

M/N

Mango
   Chilikraut mit Räuchertofu und Mango 46
   Sojamousse mit Mangosauce 52
   Tempeh-Frittes 12
Marinierter Tofu 12
Minze: Ananas-Tofu-Salat mit Zwiebeln und Minze 18
Misosuppe mit Tofu 23
Möhrencremesuppe mit Räuchertofu 20
Mung(o)bohnen (Warenkunde) 5
Nudeln: Knuspernudeln mit Tofu 42
Nüsse
   Sojamüsli mit Honig und Nüssen 49
   Tempehspieße mit Erdnusssauce 37
   Tofu mit Erdnüssen 32
   Tofu-Nuss-Aufstrich 17
   Tofu-Nuss-Pflänzchen 57
Nusstofu: Gebratener Nusstofu 30

P/R

Panierter Gemüsetofu mit Tomatensalat 30
Pilztofu: Linsen mit Pilztofu und Zitronensauce 45
Räuchertofu
   Chilikraut mit Räuchertofu und Mango 46

Unsere Garantie

Alle Informationen in diesem Ratgeber sind sorgfältig und gewissenhaft geprüft. Sollte dennoch einmal ein Fehler enthalten sein, schicken Sie uns das Buch mit dem entsprechenden Hinweis an unseren Leserservice zurück. Wir tauschen Ihnen den GU-Ratgeber gegen einen anderen zum gleichen oder ähnlichen Thema um.

Liebe Leserin und lieber Leser,

wir freuen uns, dass Sie sich für ein GU-Buch entschieden haben. Mit Ihrem Kauf setzen Sie auf die Qualität, Kompetenz und Aktualität unserer Ratgeber. Dafür sagen wir Danke! Wir wollen als führender Ratgeberverlag noch besser werden. Daher ist uns Ihre Meinung wichtig. Bitte senden Sie uns Ihre Anregungen, Ihre Kritik oder Ihr Lob zu unseren Büchern. Haben Sie Fragen oder benötigen Sie weiteren Rat zum Thema? Wir freuen uns auf Ihre Nachricht!

Wir sind für Sie da!

Montag – Donnerstag: 8.00 – 18.00 Uhr; Freitag: 8.00 – 16.00 Uhr *(0,14 €/Min. aus dem dt. Festnetz/ Mobilfunkpreise
Tel.: 0180-5 00 50 54*
Fax: 0180-5 01 20 54* maximal 0,42€/Min)
E-Mail: leserservice@graefe-und-unzer.de

PS: Wollen Sie noch mehr Aktuelles von GU wissen, dann abonnieren Sie doch unseren kostenlosen GU-Online-Newsletter und/oder unsere kostenlosen Kundenmagazine.

GRÄFE UND UNZER VERLAG
Leserservice
Postfach 86 03 13
81630 München

© 2009
GRÄFE UND UNZER VERLAG GmbH, München

Projektleitung: Susanne Lang
Lektorat und Satz: Redaktionsbüro Christina Kempe, München
Layout, Typografie und Umschlaggestaltung: independent Medien-Design, Horst Moser, München
Herstellung: Claudia Labahn
Reproduktion: Repro Ludwig, Zell am See
Druck: Firmengruppe APPL, aprinta druck, Wemding
Bindung: Firmengruppe APPL, sellier druck, Freising

ISBN 978-3-8338-1433-4

4. Auflage 2012

Die Autorin

Cornelia Schinharl hat ihre Liebe zum Essen und Trinken zum Beruf gemacht. Seit vielen Jahren bringt sie ihren Erfahrungsschatz als freie Food-Journalistin und Kochbuchautorin zu Papier und hat dafür schon zahlreiche Auszeichnungen bekommen. Ihr besonderes Interesse gilt der Küche fremder Länder, allen voran Italien und Asien.

Der Fotograf

Jörn Rynio arbeitet als Fotograf in Hamburg. Zu seinen Auftraggebern gehören nationale und internationale Zeitschriften-, Buchverlage und Werbeagenturen. Aus seinem Studio stammen alle Rezeptfotos in diesem Band. Tatkräftig wurde er dabei von Petra Speckmann (Foodstyling) und Michaela Suchy (Requisite und Styling) unterstützt.

Bildnachweis:

Titelfoto und alle anderen: Jörn Rynio, Hamburg

Titelbildrezept:

Gefüllte Tofuschnitten (S. 26)

Syndication:
www.jalag-syndication.de

GRÄFE UND UNZER
Ein Unternehmen der
GANSKE VERLAGSGRUPPE

Appetit auf mehr?

Gemüse-küche

ISBN 978-3-8338-0993-4

1 Nudel – 50 Saucen

ISBN 978-3-8338-0653-7

Kleine Kuchen

ISBN 978-3-8338-0862-3

Quiches

ISBN 978-3-8338-0677-3

Vegetarisch

ISBN 978-3-8338-1834-9

Thailändisch kochen

ISBN 978-3-8338-0317-8

www.gu.de: Blättern Sie in unseren Büchern, entdecken Sie wertvolle Hintergrundinformationen sowie unsere Neuerscheinungen.

Willkommen im Leben.

Feines, das bestens zu Tofu & Co. passt

Tofu, Tempeh und Sojasprossen lassen sich mit den unterschiedlichsten Saucen immer wieder anders zubereiten. Mit den passenden Beilagen schmecken sie noch mal so gut.

Natürlich kann man einfach Reis oder indisches Fladenbrot zu allen Sojagerichten servieren. Doch mit diesen Beilagen-Hits wird's besonders fein.

Safran-Mandel-Reis

1 Döschen Safranfäden (0,2 g) in wenig lauwarmem Wasser anrühren. 40 g Mandelstifte mit etwa 3 cm Zimtstange und 5 grünen Kardamomkapseln in 1 EL Butter anrösten. 300 g gewaschenen Basmati-Reis zugeben. Mit Safran und 600 ml Wasser auffüllen, salzen und bei schwacher Hitze zugedeckt in etwa 15 Min. ausquellen lassen. Passt gut zu Tofu und Tempeh mit scharfen Saucen, z. B. mit Curry.

Reissalat mit Tomaten

250 g Langkornreis in Salzwasser in 15 Min. bissfest kochen, abschrecken, abtropfen lassen. 4 in Öl eingelegte, getrocknete Tomaten, 1 Handvoll Basilikumblätter und 1 EL Kapern hacken. 400 g Tomaten waschen, würfeln. 2 EL Balsamico bianco, Pfeffer, Salz und 4 EL Olivenöl verquirlen, mit vorbereiteten Zutaten mischen und würzen. Passt zu Küchlein.

Kräuterbulgur

1 Zwiebel und 2 Knoblauchzehen schälen, hacken und in 1 EL Öl andünsten. 200 g Bulgur und dann gut 400 ml Gemüsebrühe dazugeben. Zugedeckt bei schwacher Hitze etwa 20 Min. garen. 1 Bund gemischte Kräuter abbrausen, trockenschütteln und hacken, mit 50 g Crème fraîche unterrühren, würzen. Passt zu Klößchen oder zu gebratenem Tofu.

Ingwer-Sesam-Reisnudeln

300 g schmale Reisnudeln mit kochend heißem Wasser überbrühen, etwa 5 Min. quellen lassen, dann abgießen. 5 cm frischen Ingwer schälen und fein hacken. 3 EL Sesamsamen ohne Fett kurz bei mittlerer Hitze anrösten, im Mörser leicht zerstoßen. Ingwer in 2 EL Öl leicht anrösten, Sesam und Nudeln dazugeben und erwärmen. Mit Salz abschmecken und vor dem Servieren mit 1 EL Sesamöl beträufeln. Passt zu gebratenem Tofu und Tempeh.

Currykartoffeln

700 g festkochende Kartoffeln schälen, waschen und 2 cm groß würfeln. 1 Bund Frühlingszwiebeln waschen, putzen, in Ringe schneiden. Beides in 1 EL Butter andünsten. Mit 2 TL Currypulver bestreuen, mit 400 ml Gemüsebrühe aufgießen und zugedeckt in etwa 15 Min. weich kochen. 1 Tomate waschen, würfeln und vorm Servieren untermischen. Passt zu gebratenem Tofu und Tempeh, aber auch zu Bratlingen und Pflänzchen.

Linsenpüree

1 große Zwiebel und 1 dicke Möhre schälen, klein würfeln. In 1 EL Butter andünsten, 250 g rote Linsen kurz mitgaren. Mit gut ¼ l Gemüsebrühe und 350 ml Milch aufgießen, zugedeckt 20 Min. bei schwacher Hitze garen. Mit dem Kartoffelstampfer zerdrücken, je nach Hauptgericht mit Currypaste, Salz und etwas Zucker oder mit Tomatenmark, Salz und gehackter Petersilie abschmecken. Passt zu gebratenem Tofu.